知史

原来当古人是这么回事

知史 著

目 录

1 前言

第 1 章 疯传千年的皇帝八卦哪个是真？哪个是假？

003 皇帝的花样宫廷服装秀
008 上朝不是选美但也拼时尚
012 皇家美食有哪些珍馐美馔
018 什么，满汉全席不是给皇帝吃的？
022 名车代步不稀奇，看皇帝出门多威风
026 清代皇族的体育课：骑射
030 盖房养房都不容易！皇帝修宫殿的烦恼
035 冤枉呀！乾隆下江南不是去吃喝玩乐，是出门洽公

第 2 章 别傻傻听人说，千年典故从何而来

043 大文豪和诗人也用错典故，而且还一错千年？
047 "公子"也有可能是女生？
050 宋体字、明体字到底是怎么分的？
054 越传越夸张的怪兽：饕餮
058 为何城门失火池鱼就会倒霉？
061 祭拜要拜到仁至义尽
064 雕虫绝非小技，而是神技！

第 3 章　到古代当美女可不容易

- 071　古代美甲达人之美甲术
- 075　千年前最流行的时尚彩妆
- 081　古代才女的养成之路
- 086　戏院是古代旷男怨女的邂逅之地？
- 092　离婚不管古今都是难题！
- 098　历代女名医的传奇历史

第 4 章　说文解字，马上增进你的语文能力

- 107　"六根清净"要怎么洗才干净？
- 111　东西南北中的五行阴阳术
- 114　吃太多青菜所以面有菜色？
- 117　古书没有标点符号怎么读？
- 122　钟鼎文是人，是文章，还是……
- 126　姓与氏不一样？古代名字大哉问
- 132　南北和东西哪个比较远？

第 5 章　不服来战，古代战争实况报导

- 139　古代战神都是大力士，不拿个三百斤哪好意思上战场？

143 将军别冲动,单挑会出事!
147 看我挥刀拨开迎面而来的箭雨
152 飙速战车,古代战场如何上演玩命关头?
157 谁说古代战场上没有女性?
162 当兵时的"军、师、旅、伍"从何而来?
166 打仗时可以来点战斗主题曲吗?
170 司马家族大揭秘:如何成为三国争霸最大赢家?

第 6 章 穿越了别担心,做一个合格的古人

179 穿越了语言不通怎么办?
185 行走江湖,请先准备你们的身份证
190 古人怎么刷牙洗脸?
194 古代气象预报准不准?
199 泥土盖房还能千年不倒?
204 遇火警,不用怕,消防队立刻到你家!
210 古代通信之难,寄信都收不到
215 没穿越成贵族?参考平民的发家致富之路

前　言

中国自古以来就十分重视历史记载，自周代以来就有专职的史官记录国家中大大小小的事情。无论是天灾人祸、战争纷乱，还是帝皇言行、图书典籍，史官都会仔细记录。各个新皇朝成立后，也会为前朝修撰史书，记录前代发生的事。从《春秋》到《清史稿》，中国数千年来的历史可谓未曾中断过记录。这是多么值得庆幸的一件事，文明的足迹被一笔一画地刻印下来，后人可以随时翻阅。但是有这样一个丰富的宝库，很多人仍然对中国历史觉得陌生。讲起历史，总是有点不知所措的感觉。

在两年前，我们三位小伙子立意创建一个平台分享中国历史。然而身边有不少人曾这样问过我们："历史到底与我们有什么关系呢？"这是一个好问题，历史与我们有什么关系呢？在学校里，大家都会学习中国历史，所学的往往就是关乎历代帝王与政治事件；再不然就是读不同朝代怎样兴起与没落。这些治乱兴衰、帝王将相固然是中国历史中重要的部分，但不得不承认这些事情与我们的距离实在是太远了。以至不少人在学习的时候总不免在想，学这些到底有什么意思呢？

这种与历史的距离感，使不少人将"古"和"今"视为对立，觉得古代与现今之间存在一道鸿沟。古代的生活、历史、文化都是已经逝去的，不复存在的。当我们说起古人生活如何精致，古代文化如何昌盛，总是带着一种惊奇的眼光去看待，绝少想到这些事情与我们的联系。其实放眼看去，我们现在的文化、语言，有不少建立在前人的基础之上。比如今天我们会用"入伍"来指参军，原来能追溯至周代的兵制；我们所用的句号是一个圆圈，其实关乎宋代出版业。这些隐藏在生活细微处的细节，大家都习以为常了，却不知道原来这是传承了古人的历史文化。

虽然我们学习了这么多的治乱兴衰，但古代社会是怎样的呢？这却很少被提及，或者说教科书上没有认真对待这点。对古代文化的不了解，也使我们在日常生活中接触了不少似是而非又说不出个所以然的历史。像近来有不少的古装剧，很受大家追捧，其中有很多细节却令我们感到疑惑。古代将军真的会和敌方大将单挑，或在阵前领兵冲锋？古代的离婚又真是所谓"七出之条"这么简单？皇帝出巡就只是为了和妃子游山玩水这么愉快？这些都是大家看古装剧时会留意到的情节，感觉上有些不合理，但是真实的历史又是怎样的呢？

其实这些困惑很大部分是因为我们觉得历史就只有皇帝、战争和诸多的政治事件。古人一直强调"以史为鉴"，读历史似乎就要读出治国之道，要学习人生大道理。没错，这确实是学历史能够带给大家的智慧。但如果我们认为历史就只存在于"二十四史"之中，也错失了很多读历史的乐趣。清代史学家章学诚说："盈天地之间，凡涉著作之林，皆是史学。"其实不单是天下的著作最后都会与历史扯上关系，我们生活中的点点滴滴，哪怕细至刷牙洗脸，背后也有历史的源流。在生活中发现古代历史的点点流传，既是了解历史与我们的联系，也不失为学习历史的意义。

而这本书是我们"知史"三位小编的随笔，在过去的两年中，我们写过不少专题，也写过不少关于中国古代文化、生活的小文章。我们从中选了一些大家经常会遇见、经常挂在口边，但是又不太清楚的历史、文化与典故趣谈一番。倒不是要写出历史研究的大著作，只希望大家读后能与历史拉近一点距离，发现我们身边的历史。

知史

二〇一七年八月

第 1 章

**疯传千年的皇帝八卦
哪个是真？哪个是假？**

  大家都想做皇帝，坐拥三千妃子，每餐山珍海味，前呼后拥好不快活，没想到一日三餐就快令皇帝破产，甚至还要烦恼没钱修房子的问题。什么？你还跟我说满汉全席不是皇帝吃的！皇帝到底在过什么样的生活？

皇帝的花样宫廷服装秀

> 常常看清宫剧,皇帝好像总是穿着一件黄色的大长袍,上面绣着不少图案。可是身为一国之尊,怎么会只有这么一件衣服呢?所以皇帝到底还穿什么衣服呢?

服装自古以来就是分辨人们身份的一种重要标志,特别是在古代的封建社会,衣服的规制有着不少要遵守的地方。但现在我们看电视剧,皇帝来来去去都是穿着黄色长衣,不论上朝时、祭祀时、在书房时、去后宫时,都是一式一样的衣服。古代皇帝真的每天都这样穿吗?

在古代,明黄色的衣服确实是皇帝特有的用色,自隋文帝确立了天子之服用黄色,唐代因循隋制,唐代天子都穿上了黄色的衣服。经过两代天子的穿着,后世都以黄色作为天子的专用颜色,所以皇帝的衣服都是黄色这点确实没错。不过仅仅是颜色对了,古代皇帝才不会每天都穿这么几件衣服。其实皇帝的衣服是有很多分类的,像是龙袍、朝服、衮服、雨服、常服、行袭,等等。

龙袍

一说起龙袍,大家都知道这是皇帝的衣服,而这两者之间的关系，全因为古人对于龙这种神秘生物的想象。在古代文化中，龙代表无限的神威，它瞬息万变，上天下海，威力无穷。如此神奇、威严的生物，古人认为人世间只有皇帝堪比。故只有和皇帝有关的事物，才有资格配以龙纹。自隋代以后，龙袍成为天子的衣服。清代对于龙袍的规定最主要的就是颜色和图案，在《清史稿》以及《清会典》中都有记载，龙袍"色用明黄，领袖俱石青，片金缘。绣文金龙九"。由此可见，龙袍不是整件都是黄色的，而是在领口、袖口的位置会用上石青色，所谓石青色就是一种接近黑色的深蓝。

而在龙袍上最重要的就是龙，根据定制，龙袍上会有九条龙，大家可以看到的龙包括"领前后正龙各一，左、右及交襟处行龙各一，袖端正龙各一"，数一数，只有八条，何来的九条龙呢？其实最后一条龙是绣在衣襟里面，要掀开外面的衣服方能看到，代表皇帝自谦之意。同时龙袍上的龙也有位置上的考虑，一件龙袍从正面或者背后看过去，都会见到五条龙，配合整件龙袍上有九条龙，暗示九五之尊之意。

但龙袍不是皇帝独有，皇后也是可以穿龙袍的。皇后所穿的龙袍基本上与皇帝无异，只是会在衣服上添加代表福寿文采的纹饰。而且皇后穿的龙袍有三种款式，甚至比皇帝还多。

朝服

朝服之名，早在周代就已经出现。当时是天子、贵族、官员才有资格穿着的服装。不过虽说是比较正式的服装，但通常是君臣之间见面时才需要穿着的服装。清代初期，朝服还只是在一般官场中表示身份的衣服，可谓当时上班穿着的制服。随着清代礼制的逐步发展，朝服成为非常重要的礼服，只有在隆重的典礼上才会出现。

　　皇帝的朝服当然是最隆重的，规格形式也最为繁复。其中一个常用到朝服的场合是祭祀，所以朝服有很多规定都和祭祀有关。不同场合的祭祀，都需要有相对应颜色的朝服。除了皇帝专用的明黄色，在祭天时用蓝色，祀日时用红色，拜祭月神时用月白色。

　　除了颜色，朝服在纹饰上也很有讲究。如此正式的着装，自然少不了龙，整件朝服需要纹上正龙、行龙、团龙合计三十六条龙。衣服可以纹上龙的地方，都会有龙，除此之外更重要的是十二章纹。十二章纹指从先秦时期创立的服饰章纹制度，《尚书·益稷》有云："予欲观古人之象，日、月、星辰、山、龙、华虫，作会，宗彝、藻、火、粉米、黼、黻，絺绣，以五采彰施于五色，作服，汝明。"日、月、星辰、山、龙、华虫、宗彝、藻、火、粉米、黼、黻即所谓的"十二章纹"。这十二种纹饰虽然经历了两千多年的朝代变更，但依然占据着朝服上的纹饰地位，全因其寓意深刻。

　　《旧唐书·舆服志》中记录了当时学者杨炯对于十二章纹的解读。日、月、星辰寓意着圣王之光泽照耀大地；山象征着圣王的恩泽，又象征着位于高位恩泽广施大地；龙灵活多变，象征善于应对时势；华虫是雄鸡，象征着文采；宗彝是宗庙彝器，象征着法度；藻是水草，象征品行冰清玉洁；火，象征处理政务光明磊落，亦是生活中的基本所需；粉米即白米，是百姓赖以为生的食物；黼是斧头，象征做事干练果敢；黻较为抽象，是两"弓"形相背之纹饰，通常象征辨察是非之意。

由于这十二种纹饰寓意极好，出自记录舜和禹、皋陶之间讨论并相互告诫的《尚书·益稷》一篇，可谓古代圣王之言。所以历代朝服上都有十二章纹，皇帝借此表示自己遵从古制、推崇古代圣人。及至清代，皇帝最重要的朝服上，也少不了十二章纹这么重要的纹饰。

衮服

衮服也是皇帝经常穿的一种衣服，本来是天子祭祀之服，为向神明表示谦逊，衮服上只会简单地纹九个纹章，以示自己尚有不足之处。但是在清代祭祀时已经有朝服可穿了，衮服的地位自然就下降了。在《清史稿》中，关于衮服的记载也只有寥寥数字："色用石青，绣五爪正面金龙四团，两肩前后各一。其章左日、右月，万寿篆文，间以五色云。春、秋棉、袷，冬裘、夏纱惟其时。"

不过衮服还是有其作用的，例如日常去向皇太后请安、每年春季的皇帝亲耕、迎接将军凯旋，等等，都会穿衮服。某些次一级的祭祀，像祈谷、祈雨等，皇帝也可以选择穿衮服。

其他服装

除了祭祀、上朝等正式场合，皇帝还有其他比较轻松的服装，例如在平常日子就会穿"常服"。这种衣服用料就视乎天气而定，同时花纹也比较随意，寓意较好的图案都能绣上去。其中较为特别的是清代皇帝穿的常服袍,具有满族特色的"裾四开"。

我们常见的长袍,都在左右两侧有开口,这种设计是为了方便行走。不过清代皇帝的常服袍,衣摆会在前后再加上开口。这是因为满族称许自己是马背上得天下,而为了骑马时能方便地坐在马背上,衣服需要向左右两边分开。入主中原后,为了表示不忘祖先,长袍就有了这么特别的设计。

皇帝还有下雨天特备的雨服。据《清史稿》的记载,雨衣衣料上多数采用油绸这种能够防水的布料,同时雨服会多加几层掩襟,防止雨水渗入。而衣服上的花纹也较为简单朴实,毕竟下雨天,谁也不会站在室外应酬别人那么久吧。

其实根据这些历史记载,可以知道皇帝的衣服有很多选择。除了龙袍、朝服、衮服不可以随意更动之外,日常穿的衣服都可以根据皇帝的喜好来调整。所以以后不要觉得皇帝好像穿来穿去就那么几件衣服,其实皇帝也有很多的选择。

上朝不是选美但也拼时尚

> 大家或许知道清代的皇帝们喜欢佩挂佛珠。这种嗜好使满朝文武都戴佛珠。但可别以为官场中就只有佛珠，官员们五花八门的配饰展示出来，恐怕一大桌子都摆不下。

因为宗教、礼制两方面的原因，佛珠一直是清代皇帝喜爱的配饰。那么大臣们有没有不同的配饰配搭朝服呢？其实清代官场中的佩饰种类繁复，举例来说，最常见的就有朝珠、腰带、荷包，这些都是当时最流行的饰物，大家喜欢佩戴并以此体现自己的身份。

朝珠

大家经常讨论皇帝所佩戴的佛珠，正式名称为朝珠。从清代帝后们的朝服像可以发现，自康熙帝以后，历代帝后均佩戴佛珠。其实在后金兴起的时候佛教就已经传播至关外，佛珠作为法器之一，又便于携带，自然深得当时满族人的喜爱。努尔哈赤、皇太极经常把佛珠赏赐给属下，渐渐地，佛珠也成为进贡礼品之一。

随着时间推移，满族入关后注重礼制，即便是简单的佛珠也成为辨识阶级的一部分。乾隆二十九年（一七六四年）编纂的《钦定大清会典》当中规定了朝珠的制作和佩戴规范，在《清史稿》中也记载了皇帝佩戴朝珠的规格："用东珠一百有八，佛头、记念、背云、大小坠杂饰，各惟其宜，大典礼御之。惟祀天以青金石为饰，祀地珠用蜜珀，朝日用珊瑚，夕月用绿松石，杂饰惟宜。绦皆明黄色。"由于朝珠有其礼制上的含义，所以皇帝有很多颜色的朝珠，以配合不同场合。穿吉服时，四季祭祀时，举行大典时，都有不同的朝珠可供佩戴。可以说，朝珠是当时皇帝拥有的款式最多的佩饰。

不过这并不代表朝珠只有皇帝能佩戴，其实后妃、亲王、五品文官或以上、四品武官或以上，均可佩挂朝珠。每年清宫内务府造办处都会制造数百颗朝珠以供皇帝赏赐予人，各地地方官员也会进贡朝珠给皇帝。而不同等级的官员所佩戴的朝珠，最主要的分别就是体现在材质上。朝珠的材质种类多样，主要分为珠石、木质和角牙质等。一些较为珍贵的原料像是青金石、蜜蜡、珊瑚、东珠、蓝晶石、翡翠、玛瑙只有皇室成员才能使用。普通官员就只能使用杂色珠宝，或香木之类作为朝珠。

朝带

朝带，类似于今天男士所用的皮带，是一种利用丝带串联四块金属板的腰带。但不要以为这种朝带功能就是和皮带一样，用以束腰，其实这种腰带是配合朝服而存在的装饰，也是用以辨别等级的饰物。

清代的朝带是仿照前代的玉带而来，而玉带则是在中国古代官场流传已久的佩饰。最初的构思的确只是在腰间系上一条用皮革做成的带子，以便固定衣服，或挂上佩饰。后来从战国时期开始，这种普通的腰带就加上了玉石作为装饰，渐渐由功能性转为装饰性。后来朝带成为配合朝服一起使用的配饰，并渐渐脱离了束腰的实际作用。由于这也是属于辨识等级的装饰，所以不同品阶的官员需要使用不同材质制作的朝带。例如在明代，只有一品官员方可佩带玉带，二品的官员只能用犀角作为腰带的装饰。

清代的朝带仿照前代的玉带，但材质上有了变化。清代的朝带主要有四块金属板，以不同颜色的丝带串联，反映着身份。天子用明黄色，宗室用金黄色，觉罗用红色，驸马用蓝色。同时金属板上会有不同的宝石作为装饰，例如皇帝用的就会"饰红蓝宝石或绿松石，每具衔东珠五，围珍珠二十"，如果要配合祭祀所使用的朝带，还会有不同的宝石作为配搭，《清史稿·舆服志》写道："其饰祀天用青金石，祀地用黄玉，朝日用珊瑚，夕月用白玉。"

荷包

满族入主中原之后，接受了不少中原文化，但对于满族本身的习俗他们还是十分尊重的。在佩饰方面，满族人最喜欢的就是荷包了。荷包，满族人又称其为"法都"，是游猎民族很喜欢的一种佩饰。满族的先民是女真族，他们是游猎民族，为了狩猎、出征时能随时有食物充饥，或者能够随身带点小工具，他们往往会用鹿皮缝制一个小口袋，将东西放进去，以便随手能够拿到所需要的东西。入关后，他们仍不忘这个传统，只是所使用的材料变成了绫罗绸缎这些上好的丝织品。而"法都"在形式上也开始仿制中原地区的荷包，渐渐地，这个随身的小袋子和中原的荷包成为一体。荷包佩带的方式也与满族先民有所不同，本来满族男女都会将"法都"佩带在腰侧，满族男性皇室成员维持了这个传统，将荷包佩挂在腰侧，但女性为了突显不同荷包的款式，就将其挂在领襟的纽扣上。同时荷包当中的物品也变成了一些零嘴、香草、小镜子等。当时皇室对于荷包的需求量很大，据清宫《总管内务府现行则例》记载，每年皇室衣库最起码造两百个荷包和五十个大荷包呈给皇上。不但皇室衣库，后宫不少的嫔妃、宫女都会缝制荷包。每到年底，皇上就会到处赏赐荷包给不同的诸王大臣，以表示皇帝的恩泽。而这些赏赐的荷包，大臣们接到的时候需要挂在胸前，以示尊重。

《清史稿·舆服志》中记载了相当多的关于穿着的规定，朝服、朝冠、朝珠、朝带、花翎等都要按照不同的官职来穿戴，乃至官员的妻子怎样穿戴也有规定。而饰物作为服装的一部分，自然也有明章等级的作用。例如清代皇室成员中所佩带的朝带，努尔哈赤的直系后代用金黄色的丝带，旁系后代就用红色丝带。大家一看朝带中的丝带颜色，就知道这位皇室成员出身如何，带红丝带受到的礼遇和带黄丝带的不可同日而语。所以虽然清代的官员有很多配饰，但是带什么、用什么就由不得他们随意选择。想要用上人人称羡的朝珠朝带？那就要努力向上爬，成为朝廷主干大臣，如此就有机会得到皇帝赏赐的华贵饰物了。

皇家美食有哪些珍馐美馔

> 大家想穿越回去当皇帝,其中一个原因恐怕就是皇帝能够享受天下珍肴。但是皇帝到底吃什么,会令大家如此神往呢?

清代史料笔记《养吉斋丛录》记载,清代皇室每年仅是用于购买食材的费用就高达四万金,这仅仅是新鲜的鸡、鸭、猪、鱼、菜蔬等。要是算上由各地进贡而来的珍贵食材,那可远远不止这个数额。到底皇室每天都吃什么,要这么昂贵呢?当时皇帝的每顿膳食都有专人做记录,称为"膳底档"。一来是给皇帝看看自己吃了些什么,二是当皇帝身体抱恙时能给太医参考。清代每一位皇帝都有膳底档,从中我们能够一窥当时各位皇帝的奢靡饮食。

清初时期,皇帝的饮食钟爱满族风味,当时御膳中最常见的食材有鹿肉、狍子肉、野鸡、野鸭、羊肉、牛肉,等等,而烹调方法多数是烧煮,带有满族烹饪特色。不过这些都是皇帝的家常小菜而已,每逢节日宴会或者宴请来宾,御膳就会有更多的山珍野味。既然是皇帝吃的山珍野味,不是最精美的都不要。熊掌、鹿茸必须产自东北，鲥鱼只要镇江的，银耳须是通江的，鲍鱼、海参要山东海域的，鱼翅则从南海运来。这些食材都由各地官员定期收集并呈上，皇帝的御膳可谓广收天下之珍味。

仅是食材珍贵尚不足体现皇室御膳的独到之处，对烹饪技巧的追求才是御膳非同凡响的原因。康熙在六十岁时摆了一次大型御宴，名为千叟宴，宴请了数百位六十五岁以上的老人享用御膳。由于这次的御宴邀请了来自不同地域的人士，故此菜式上有别于皇帝日常的膳食，糅合了江南菜、山东菜、满族菜的特色。这次千叟宴革新了御膳的惯例，除了满族菜以外，厨师也在御膳中融入了更多汉族菜式的特色。及至乾隆帝时，国力最盛，多次出巡江南接触到不少苏杭菜。从当时的御膳记录看，像是《乾隆三十年江南节次膳底档》《乾隆四十五年节次膳底档》等可见御厨在膳食中加入了不少苏杭菜。例如在乾隆三十年（一七六五年）的出巡中就有吃过鸭子火熏豆腐热锅、燕窝火熏肥鸡丝、水晶肘子的记录，这些都是当时有名的苏杭菜。而御膳的菜式相比清初愈趋丰富，渐渐以山东菜、满族菜、苏杭菜三大菜式为主。御膳的制作同时也形成了一套专门的要点：为皇帝提供的御膳，需要着重"博采、适时、求精"三个方面。

博采，是指食材来源要广。当时不但在京城周围有指定的菜蔬园一年四季为皇室提供蔬菜，京城中也有牛场每天提供牛乳供皇室享用，同时关外有专职的牛羊场提供肉类，更别提全国各地的官员都要按时上贡该地特产，让皇帝的每顿饭都有来自全国各地的食材。适时，是指用于御膳的食材必须是时令食材，同时必须新鲜。皇室每年花费数万金的钱财就是为了在市场上购买最新鲜的食材,供御膳房使用。求精,是指供给皇上的膳食必须是最精致的。皇帝一天可以有二十二斤羊肉供给,当然不可能全部吃完,所以只会挑选当中最细嫩的部位来吃。不少菜肴像是烤全猪、烤全羊往往需要耗时一至两天准备,这样才能确保味道。不论是食材还是烹饪手法都要做到最好,这样才可以呈上给皇帝享用。

除了菜式精致,服侍皇帝吃饭也需要很多的人手。当时负责皇上吃饭的机构叫"御茶膳房",由三个总领带领一百多人,贴身负责皇帝一天的膳食。皇上每天早上六点左右、中午一点左右喊一声"传膳",身边的太监就要马上传话进膳房,几十位专职传菜的太监就要立刻从厨房将菜肴送至皇上面前。他们要将这些菜式摆在七张桌子上,同时将每道菜的菜名、材料、负责的厨师都记录下来。同时侍膳太监要在每道菜上放一块试毒银牌,银牌没有变色才可以给皇上选择。之后那些太监还要观察皇帝的眼色,皇上看了哪一道菜一眼,身边的太监就要为皇帝呈上。有时候皇帝心情好,想将尚未吃完的菜赐予妃子或者大臣,这些太监还要将这些御菜放在盒子中送过去。

除了贴身伺候皇上用膳的太监,宫廷中还有多达两千七百名的役人负责皇上膳食。他们要负责制酱、储备粮食、购置新鲜食材、保存管理食材,最重要的当然是炮制美食。清代的御膳在乾隆年间发展到巅峰,每一顿饭都要呈上一百二十道菜,后来皇帝的御膳多是依照乾隆的餐单来制作的。同时宫廷御膳讲求定例,亦即同一道菜无论什么时候做，味道都要保持一致。所以这两千多人每人只会负责整个御膳中一个小小的工序，从清洗、斩切、腌制，到烧煮每一个步骤都有专人负责，以确保每道工序都能保持一致。同时御膳房也要保持全天候运作，虽说皇帝一天只吃两顿饭，但是有不少菜式像是烤猪、烤羊等需要一两天的制作时间。为了在皇上一声令下时就能上菜，膳房必须按照菜单不停准备着皇帝每天的膳食，并在炉头上温着以备随时呈上。

不过到了后来清代国势渐衰，御食的规模越来越小。到了嘉庆、道光时期缩减至六十四道菜，咸丰年间只剩三十二道菜。不过即便如此，这些菜肴的豪华程度还是令我们普通人难以想象。例如《膳底档》记载五岁的同治皇帝在即位后第一个除夕夜吃的晚餐，当中包括：

> 燕窝金银鸭、燕窝三鲜鸡、燕窝烧鸭子、燕窝什锦鸡丝、燕窝溜鸭条、攒丝鸽蛋、攒丝翅子、溜鸭腰、燕窝炒鸭丝、炒野鸡爪、小炒鲤鱼、肉丝炒鸡蛋、挂炉烤鸭、挂炉烤猪、饽饽两品、白糖糕、如意卷、燕窝八仙汤。

五岁的小皇帝就吃得如此豪华，过半的菜都要配上燕窝烧煮，这样的排场极尽奢靡，让人瞠目结舌。

而清代最后一位皇帝溥仪也在自传《我的前半生》中描述过皇室吃饭的事情。溥仪小时候每天吃饭时，面前都会放着六桌子的菜："平日菜肴两桌，冬天另设一桌火锅，此外有各种点心、米膳、粥品三桌，咸菜一小桌。"看来溥仪天天吃高级自助餐，但和太后一比较也不算太多，"隆裕太后每餐的菜肴有百样左右，要用六张膳桌陈放，这是她从慈禧那里继承下来的排场，我的比她少，按例也三十种上下"。这些菜肴有什么呢？书中记载有：

> 口蘑肥鸡、三鲜鸭子、五绺鸡丝、炖肉、炖肚肺、肉片炖白菜、黄焖羊肉、羊肉炖菠菜豆腐、樱桃肉山药、炉肉炖白菜、羊肉片川小萝卜、鸭条溜海参、鸭丁溜葛仙米、烧茨菇、肉片焖玉兰片、羊肉丝焖跑跶丝、炸春卷、黄韭菜炒肉、熏肘花小肚、卤煮豆腐、熏干丝、烹掐菜、花椒油炒白菜丝、五香干、祭神肉片汤、白煮塞勒、烹白肉……

看起来让人垂涎不已，但皇帝对这些料理还看不上眼，溥仪说道："这些菜肴经过种种手续摆上来之后，除了表示排场之外，并无任何用处……反正从光绪起，皇帝并不靠这些早已过了火候的东西充饥。"只是为了展示皇帝的尊贵，每天要做出这么多的菜表示排场。溥仪即位时皇室已经大不如前，清朝的统治也步向终结，但是皇帝吃饭一事还是不能怠慢。溥仪说道："我这一家六口，总计一个月要用三千九百六十斤肉、三百八十八只鸡鸭，其中八百一十斤肉和二百四十只鸡鸭是我这五岁孩子用的……合计用银二千三百四十二两七钱二分。"每月为了皇室膳食要花上两千多两银子，实在是极为奢侈。

清代作为最后的皇朝，可谓继承并推进中国古代皇帝宫廷饮食，将其发展到了登峰造极、叹为观止的地步。每年几千人、几万金的投入就是为了皇帝的两顿饭,这样的盛况应该是后无来者了吧!随着清代的覆亡,宫廷中的菜式也曾流入民间。可惜要吃这些御膳实在开销不菲,没有多少人能够负担。现在这些皇家美食大多只能流传在文字当中,令馋獠生涎却难以一尝其味。

什么，满汉全席不是给皇帝吃的？

满汉全席一直被视为清代宫廷盛宴之最，一桌宴席汇集天下珍馐。但是你以为满汉全席就是给皇帝吃的吗？其实里面还另有文章。

满汉全席可谓家喻户晓，上世纪七〇年代香港国宾酒楼受日本电视台委托，以当时十万港元的天价，制作了一桌共一百零八道菜的满汉全席，是当代极少数重现满汉全席的尝试。菜式极为丰盛，前后吃了两天两夜。不过即便如此也只能做出当年满汉全席的一部分，真正的满汉全席极为奢华。

现在一般认为，满汉全席起源于康熙年间一次盛大的宴会——千叟宴。在此之前宫廷食物分为满席、汉席，分别指满族菜以及汉族菜，却甚少会将两者合并。不过康熙皇帝为了促进满汉融合，在他六十岁那年大摆宴席，宴请汉、满两族的六十五岁以上老人，设三天六宴。这次宴席将满、汉两派的菜式同桌呈现。不但有满族的烧、煮类菜式，同时也加入了山东菜、江浙菜，故此"千叟宴"一直被认为是满汉全席的始祖。

不过如此盛大的宴席，到底吃了些什么呢？其实并没有像我们想象当中那么奢华，根据《康熙朝实录》当中的记载，千叟宴当中的菜品主要分为小食、面食、前菜、御菜、汤菜、烧烤、火锅。其中最主要的就是御菜类，试列举部分御菜：沙舟踏翠、琵琶大虾、龙凤柔情、响油鳝糊、肉丁黄瓜酱、龙舟鳜鱼、滑溜贝球、酱焖鹌鹑、蚝油牛柳、川汁鸭掌……

其实可见当中的菜肴都不是一些山珍海味，反倒是一些常见的材料如鸡、鸭、鱼，等等。虽然千叟宴将满、汉两族的菜式同时呈现，但这和我们想象中的满汉全席实在是相差甚远。

那么是谁推动了满汉全席的发展呢？讲来可笑，大家都认为十分奢华的满汉全席，真的不是皇帝所推动的，反倒是官员们为了互相巴结而研究出来的宴席。乾隆一生多次南巡，每次都会带上不少的官员随行。皇帝的膳食自然每天由御厨负责，那么随行的高级官员的膳食怎么办呢？当时不少的地方官员为了讨好上层官员，于是挖空心思烹制奢华盛宴。清人李斗所撰写的《扬州画舫录》就记录了当时乾隆帝南巡扬州停留天宁寺时，地方官为皇帝随行官员准备的招待宴食：

第一分头号五簋碗十件：燕窝鸡丝汤、海参汇猪筋、鲜蛏萝卜丝羹、海带猪肚丝羹、鲍鱼汇珍珠菜、淡菜虾子汤、鱼翅螃蟹羹、蘑菇煨鸡、辘轳锤、鱼肚煨火腿、鲨鱼皮鸡汁羹、血粉汤、一品级汤饭碗；

第二分二号五簋碗十件：鲫鱼舌汇熊掌、米糟猩唇猪脑、假豹胎、蒸驼峰、梨片伴蒸果子狸、蒸鹿尾、野鸡片汤、风猪片子、风羊片子、兔脯、奶房签、一品级汤饭碗；

第三分细白羹碗十件：猪肚假江瑶鸭舌羹、鸡笋粥、猪脑羹、芙蓉蛋、鹅肫掌羹、糟蒸鲥鱼、假班鱼肝、西施乳、文思豆腐羹、甲鱼肉片子汤、茧儿羹、一品级汤饭碗；

第四分毛血盘二十件：䙰炙哈尔巴小猪子、油炸猪羊肉、挂炉走油鸡鹅鸭、鸽臛、猪杂什、羊杂什、燎毛猪羊肉、白煮猪羊肉、白蒸小猪子小羊子鸡鸭鹅、白面饽饽卷子、十锦火烧、梅花包子；

第五分洋碟二十件，热吃劝酒二十味，小菜碟二十件，枯果十彻桌，鲜果十彻桌，所谓"满汉席"也。

这种宴席可谓当时官场中最奢华的宴席，用了不少名贵食材，如鱼翅、海参、熊掌、驼峰等，烹调手法上汇集了满、汉菜式的特点。这桌"满汉席"既有宫廷菜肴之特色，又有地方风味之精华。乾隆多次南巡，这些为了招待京官的宴席渐渐就在江南官场传播开了。之后在官场中，不少宴席都仿照这个菜单，会有略减，但都称作"满汉席"。清代美食家袁枚在乾隆五十七年（一七九二年）出版的《随园食单》一书中就有着这样的描述："今官场之菜，名号有'十六碟、八簋、四点心'之称；有'满、汉席'之称……种种俗名，皆恶厨陋习，只可用之于新亲上门、上司入境，以此敷衍。"足见到了乾隆晚年，这种饮食风气已经遍布官场，是官场贪污的一个侧面反映。

而满汉全席真正的声名大噪就要到辛亥革命之后，清王朝的覆灭使得服务紫禁城的人顿时失去生计。不少本来服务于内膳房的御厨需要出外谋生，北京、天津、南京、上海的大饭店看准时机，大量招聘这些前御厨。这些饭店为了招揽生意，就让他们尽力做宫廷膳食。为卖弄噱头，不少饭庄将宫廷中的菜式作为招牌菜，并为其冠以"满汉全席"之名。

或许大家一直以为满汉全席就是皇家的御宴，其实真相并非如此。可以说满汉全席就是在官场腐败风气，以及商家逐利的情况下诞生的"名宴"。乃至经过商家不停的宣传，我们还真的以为极致奢华的满汉全席就是皇家御宴。

名车代步不稀奇，看皇帝出门多威风

> 皇宫这么大，总不能要皇帝徒步走来走去吧？皇帝要出外祭祀，总不能要皇帝自己跑出去吧？太阳这么晒，突然又有可能下雨，看来最好还是找人抬着皇帝走。

做皇帝真的是很幸福的一件事，在生活中很多方面都有人代劳。就以出门为例，皇帝其实不用走太多路。大家经常看电视剧都会留意到，皇帝出门前只要喊一声"备轿"，马上就有八名大汉抬着轿子在宫门前等着。不过身为皇帝，怎么会只有轿子一种代步工具呢？算一算，古代为皇帝设计的代步工具真的有很多。

现代人的代步工具通常就是车辆，古代也有车。相传是夏朝的奚仲发明了车，如《墨子》有载"奚仲作车"，《管子》记载得更详细："奚仲之为车器也，方、圆、曲、直，皆中规矩钩绳，故机旋相得，用之牢利，成器坚固。"不过这个说法并不妥当，像车这种复杂的机械，很难由一个人发明出来。但相信这位奚仲应该对车做过一些很重要的改革，才会留名于史册。而现在所知最早的车，是通过考古在殷墟遗址中发现的。在一九三五年，殷墟王陵遗址中发现六个车马坑，当中出土了不少车马器。从中可以让我们一窥原始车辆的造型。

最早的车称作辀，由马拉动。其构造十分简单，就是一个可以站立的箱子，在左右两侧加上轮子，两匹骏马通过一根固定在车厢前方的T字形木头拉动车辆，千百年来形制类似。后来为了遮太阳在车厢加上了圆盖，并加以配饰，那就是古代马车的主要形制了。古代的马车与现在的车子很不一样，只有两个轮子。因为中国古代一直没有发明出控制前轮转向的装置，要是车子有四个轮子，转向将会极为困难。但由于只有两轮，马车不能做太大，要不然就很容易失去平衡。这样一来使用者多数要在车上站着，要是路程稍远也挺辛苦。少数设有座位的大型马车，驾驶起来又很困难。《宋史·舆服志》："辕木上束两横竿，在前者名曰凤辕，马负之以行；次曰推辕，班直推之以助马力。横于辕后者名曰压辕，以人压于后，欲取其平。"前面要马来拉动，后面又要找人压在横杆上以保持平衡，实在有点麻烦。不过话虽如此，马车比起走路确实要快很多。所以在古代，马车一直是帝皇的主要代步工具，在重要的场合，像是祭祀、迎接凯旋军队、出巡、发丧皆用马车代步。

马车坐起来确实不太方便，于是出现了另外一种叫作"鹿车"的乘具。这种鹿车并不是由鹿来拉动，而是由人力来拉动。它还有一个更常见的名字叫作"辇车"，"辇"字上面是两个"夫"，就是象征着由人拉动。辇车最初的形式和马车无异，皆是两轮车，只是前面由人力拉动。这样比马车更加容易控制方向，在宫廷中使用比马车灵活，所以辇车就渐渐成为皇帝们在宫廷中的代步工具。《吕氏春秋》中所谓的"出则以车,入则以辇",说的就是在宫廷之内皇帝、达官贵人都是用辇车代步。

皇帝们对于辇车有莫名的喜好,很可能是觉得这样可以更威风地展示自己的身份。在汉代时,皇帝将辇车上的轮子去掉,直接找四个人前后抬着走,称作"步舆"。这种设计已经十分接近轿子了,当时的皇帝妃嫔十分喜欢这种设计,在宫殿中利用步舆代步渐渐成为惯例。步舆的发展越来越多元化,在冬天的时候,就会像轿子一样加上围板和顶盖。夏天的时候没有围板顶盖,但会有侍女在旁扇凉。唐代的时候,皇帝们都很喜欢这种代步工具,并设计出不同功能、速度的辇。有两人抬的辇,是为了随时起行;四人抬的辇则是为了穿梭皇宫;六人抬的则是皇帝们最喜欢的,既稳又快。唐朝画家阎立本有一幅《步辇图》,就是描绘着唐太宗在六人抬的辇上接见使者禄东赞。此外还有八人抬、十二人抬、二十人抬的辇。到宋太祖时,甚至建造了一个需要六十四个人来抬的辇,可谓历代之最。

最后来到清代,皇帝们总结了前代代步工具的形式,制定了"五辂、二辇、三舆"。五辂指马车,分为玉辂、金辂、象辂、木辂、革辂,前两者用大象来拉动,后三者则由不同数目的马拉动。主要作用是用来参加不同等级的典礼。二辇,分别是玉辇和金辇。玉辇,用三十六人抬;金辇,用二十八人抬。皇帝出发前往祭祀时,往往只会将马车驶往宫门。然后根据不同的祭祀对象换上玉辇或者金辇,最后一段路则由自己走,逐级递减以显示对神明的尊重。最后则是三舆。礼舆,用十六人抬,是专门抬皇帝上朝、春季亲耕时用的。步舆、轻步舆都是用十六人抬,其作用都是在宫中穿梭。唯独皇帝临幸后宫时会使用步舆,其他时间都是用轻步舆。

其实翻开《清史稿·舆服志一》的时候,会发现古人十分重视不同的代步工具。特别是皇帝,出门就肯定有专属的代步工具,古人只能远观皇帝出巡的车队,久而久之,就有人用"驾"一词来指代皇上,例如大家常听到的"护驾",当中的"驾"就是用以指代君王的。

甚至从明代开始,皇帝之死就开始用"驾崩"来借代。《礼记·曲礼下》上已经写了:"天子死曰'崩',诸侯曰'薨',大夫曰'卒',士曰'不禄',庶人曰'死'。"本来天子之死就是"崩",为何还要加上"驾"来指代皇帝这么多此一举呢?看来就是因为皇帝天天出门都不用走路,这一点实在是深入民心了吧。

清代皇族的体育课：骑射

清朝统治者的祖先们原是马背上的民族，标榜自己因拥有超卓战斗力而成功入主中原。既是靠着骑射赢得天下，骑射一事自然也受到统治者们的重视。他们很用心地培养年轻皇子们的骑射功夫，使之成为每一个皇子年轻时必修的体育课。

康熙大帝在晚年的时候总喜欢向别人宣扬自己的射艺多么厉害，例如一天之内射了三百一十八只兔子，几十年来射杀了百多只老虎，听得身边的人目瞪口呆。从这些说法来看康熙的武功应该十分了得，不单康熙帝，清代的皇帝可能都是射箭能手。

满族是女真族的后代，不少史书上都提到女真族骑射非凡，例如《大金国志》多次提到"女真人勇悍善骑射"。骑射，比起传统的站立式射箭，更具机动性和杀伤力。但同时也要求射者拥有良好的骑术、箭术，乃至反应力、体力等。满族能够以数十万之众入主中原，良好的骑射功夫有很大的作用。《清史稿》中写道："有清以武功定天下。"骑射功夫一直是清朝标榜的立国根本。

如皇太极就是一位精于骑射的勇士,《大清太祖实录》中有记载:"太宗所贻弓,壮士不能开,矢长四尺余。"皇太极多次统率八旗,击败明军,对此,皇太极说道:"我国士卒,初有几何,因娴于骑射,攻城则取。"为鼓励国民练习骑射,他曾下令道:"子弟辈壮者当令角弓铁箭习射,幼者当以木弓柳箭习射。"顺治帝也承继了这套规定,在入关后明确规定:"虽天下一统,勿以太平而忘武备,尚其益习弓马。"自此之后,清代的皇帝都不敢轻视骑射功夫,并下了很多功夫培养子弟成为射箭高手。

先说康熙帝,顺治对于康熙是十分重视的。因为康熙是当时诸位皇子中,少数能够对天花具有免疫力的人(当时天花仍猖獗,死亡率极高)。所以顺治十分着重培养康熙,指派了当时武功高强的侍卫作为康熙的武术师傅。可惜顺治早逝,康熙幼年登位,虽有皇帝之名,但却无皇帝之实。大家应该都很熟悉年幼的康熙有个头号敌人,孔武有力的满洲第一勇士鳌拜,铲除了鳌拜势力以后康熙才算是解了心头大患。即位之后康熙又经历了削藩、收复台湾、三征噶尔丹这些战事。这些事情都使得康熙对于武功十分重视,虽然政事繁忙,但也持之以恒地操练搏击、骑射。

康熙明白武术骑射的重要,所以他也培养诸位皇子的武技,认为此乃祖宗之本,绝不可忘。故此康熙对自己儿子的培训十分严格,当时每一位皇子除了每天学习诗书礼乐等儒家经典,还必须在午膳后用一个时辰练习射箭。为方便皇子们练习,康熙帝还专门在皇子读书的畅春园无逸斋设置了射箭厅,一年四时都可以在当中练习射箭。康熙还会经常抽考不同皇子的射艺,根据《康熙起居注》当中记载,康熙会经常巡视各位皇子的学业,其中一项就是考射箭。几位皇子一字排开,各射箭靶。中靶多的皇子,康熙还会予以奖励。

仅是练习似乎还不足够,在局势平定下来后,康熙在内蒙古开辟了一个狩猎场。每到秋天就带着一群皇子、八旗子弟去效仿祖先的狩猎活动,称之为秋狝。康熙常常给诸位随行的皇子示范自己的射艺,并着令众子弟一起参与围猎行动,猎杀猛虎以训练胆识。正因为康熙大力推动武术教育,皇子们大都武功高强,譬如皇次子胤礽在一次狩猎中,连发五箭,射中一鹿四兔,康熙大悦。

这种尚武的教育,使得之后的皇帝都十分重视武术。雍正在位期间较短,又勤勤恳恳忙于处理当时的官僚问题,所以未曾前往狩猎。不过雍正曾下令,国家军备乃一国之本,所有武官、旗员都要定期进行骑射考试,若有失准,即不录用。

乾隆十分重视武术练习,他在紫禁城中建立了一个射箭场,每逢闲时必去射箭,而且会和身边的官员进行比试,以督促文武百官勤加练习。同时几乎每年都会举行秋狝,仿效其祖父的狩猎,让皇子、八旗子弟谨记先祖遗制,谙习骑射。据传乾隆的射术也十分了得,《啸亭杂录》记载乾隆闲时会在畅春园门侧习射,"发二十矢,中者十九,侍从诸臣无不悦服",又有载乾隆在秋狝"亲射野猪麋鹿,矢无虚发"。而乾隆对于皇子们的骑射功夫也十分重视,安排名师严加教导,同时也像康熙一般定期查验他们的箭术。不仅对皇子如此，乾隆对于八旗子弟的射艺亦同样关心，每年都会抽时间，考查八旗子弟的功力。能够连中三箭者，有赏；若射不中则需要承担贱役以作惩戒。曾经有一次有八旗子弟射箭时，射出的箭连箭靶也碰不到，乾隆大为震怒，下令扣除各位教练一年俸禄。嘉庆帝在位时，国内有不少农民起义，局势颇为紧张，但是秋狝还是继续举行。康雍乾嘉四位皇帝期间，合计进行了百多次秋狝。

但可惜，满人虽自诩在马背上打天下，却没法始终坚守骑射这一传统。毕竟骑射一事须长期练习，入关之后生活渐趋安逸，即便皇帝如何重视，还是没法促使满人保持这个传统。清代后期，西方先进的武器进入了中国，使得从前可以称霸天下的骑射技术，突然之间变得一无是处。自此骑射一门在中原几乎绝迹，在关外尚可见到骑射的踪影，不过与全盛时期相距甚远了。

盖房养房都不容易！皇帝修宫殿的烦恼

> 明代的皇帝花费最多精神的地方，恐怕就是他们住的皇宫了，他们经常都要修建皇宫，维护皇宫。花了十四年建的紫禁城，一直到明代灭亡还要继续维修。

明代的皇帝们花费最多精力的地方恐怕就是他们的皇宫，从朱元璋开始，关于皇宫的工程似乎就未曾中断。

一三六六年，当时尚是"吴王"的朱元璋觉得自己需要一座宫殿，于是找来了手下刘基等人研究一番，决定在南京兴建新宫，同年十二月征用数万工人开始建造。由于朱元璋尚未称帝，对于宫殿的要求一切尚简，所以花了不到两年时间就建好了这座宫殿。不过即便是这样，吴王新宫也不是一座普通的宫殿，东西宽七百九十米，南北长七百五十米。其建造符合了《周礼》中对于都城布局的安排，内部的诸多殿室也符合历代以来的定制。虽然建造的时间有点匆忙，但第一次建宫殿总算符合了要求。

一三六八年，朱元璋正式称帝，并定都在南京。但朱元璋想着想着，觉得南京的位置难以有效控制中原，宫殿好像又有点小，要不建造一个新都城吧。于是他又找来一群学士研究一番。

在洪武二年（一三六九年），朱元璋下诏在濠州以西二十里建中都府。当时是以建造都城的规格来建设这座新城，一切规格都以京师为准则。朱元璋对此十分重视，特意派了不少的官员前往洛阳、开封、长安，对不同时期的宫殿进行考察、记录。可以说在建中都时，朱元璋是想建造一座远胜前代的宫殿。可惜朱元璋的计划过于浩大，动用的人力物力实在太多，第二次的修建宫殿计划在洪武六年（一三七三年）被迫放弃。

不过朱元璋没有放弃对于宫殿的追求，转而下令扩建（今）南京明故宫。这次扩建朱元璋吸收了建中都的失败经验，正如《明太祖宝训》（卷四）中所说，"朕今所作，但求安固，不事华丽，凡雕饰奇巧一切不用。……至于台榭花囿之作，劳民费财，以事游观之乐，朕决不为之"，他花了两年时间扩建了南京明故宫。这是第三次关于宫殿的修建计划。这几次的宫殿修建计划，大大地促进了当时都市规划的经验，同时也培养出一批熟悉宫殿营造的世家，继续为以后的皇帝服务。"永乐迁都"是明代的大事，明代建立初年定都于南京，北京本是燕王朱棣的封地。而在朱棣当上皇帝后，大臣称北平乃龙兴之地，于是朱棣颁诏改北平为北京，同时拟定将北京建设成新的政治、军事中心。有新都自然要有新宫殿，永乐四年（一四〇六年），朱棣宣布迁都后的第四年，正式开始了修建（今）北京故宫这项大工程。同时召集了一群当时有名的建筑师，如营建工程由泰宁侯陈珪、工部侍郎吴中等人研究这座宫殿应该怎样兴建。这群建筑师明白这次计划非同小可，绝非普通皇室建筑这么简单。于是参考了前几次建宫殿留下的记录，包括历代古都、南京明故宫、半路夭折的中都府，并在同年到达北京，实地考察，筹备建造北京故宫的工作。

这时候皇帝对于宫殿的野心再一次浮现，朱棣决定完成朱元璋没做成的事情——建造远胜前代的皇宫。在永乐四年，朱棣颁诏开始营建北京宫殿后，就开始收集天下间最好的材料。

当时朱棣彻底动用了全国力量，为建造紫禁城做准备，全国最顶级的材料纷纷运往北京。例如汉白玉，就花了不少人力从北京西南的房山开采。为了运输汉白玉，官员征用了上万名民夫，在冬天沿着石料厂与北京之间开挖水井，在路面泼水形成冰路，把数以吨计的玉石运到北京。又如太和殿的柱子，需要直径达一米以上的木材。当时朱棣选中了楠木作为正殿巨柱的材料，为此派了不少官员和百姓进入四川湖广等地的森林，在幽深处寻找楠木。可是森林的环境极为恶劣，入山者多，出山者少。当时在四川等地有民谣这样说："入山一千，出山五百。"

回顾营造北京故宫的历程，有十年时间是用于收集各地材料，一边收集材料，一边征集了全国各地工匠进行加工。所征用的匠人需从全国各地前往北京，每次需要当值半年，为宫廷制作不同的工艺品。而且也征用了大量劳力，包括囚犯、农民甚至军人，他们负责整理地基、搬运材料。据研究故宫史的学者单士元估计，当时的皇帝征调了二三十万农民和卫军做壮工来建造故宫。①《明史》记载了明代官员邹缉对故宫的兴建与修缮的评论：

---

① 可见于单士元于一九六二年出版的《故宫史话》，第一章节。

"工大费繁,调度甚广,冗官蚕食,耗费国储。工作之夫,动以百万。"在如此强大的动员能力之下,十四年内就建好了北京故宫。这是第四次建宫殿,明朝终于有了新的国都。

北京故宫的建造如此迅速,真可谓工程界的创举,体现了中国千百年来建筑功法的积累。不过建造一事不但没有结束,反而是刚刚开始。

紫禁城好不容易建好了,但之后两百年间大大小小的维修数之不尽。永乐十九年(一四二一年),朱棣才迁进紫禁城一年,前三殿,即太和殿、中和殿、保和殿遇到雷击引发大火被焚毁。新宫殿才建好没多久就遇到大火,这场大火烧了两天两夜,北京城内到处都能看到火光。这场大火似乎预示了这座皇宫后来的命运。果然过了两年,乾清宫又遇到大火了,朱棣唯有继续修建紫禁城。不过这次的修缮进度很缓慢,因为之前建造故宫实在是耗费了太多人力物力,短时间内很难再一次筹集材料。于是复修一事,只能缓慢地进行。

等到明英宗即位后,决定要好好重建前三殿与乾清宫。正统五年(一四四〇年),明英宗动员了七万人来修建,才终于将紫禁城再一次修好。明英宗很高兴,总算恢复了皇宫的气派。但没想到明世宗嘉靖年间,紫禁城又遇大火,前三殿和整个外朝都化为灰烬。这次火灾之大,以致清扫工作竟然用了三万人,花了一个月才完成。面对此情此景,嘉靖帝气上心头,病了三个月,之后发愤图强,觉得一定要把故宫修好。于是,他大肆征集费用,用了四年修好皇宫。只不过明神宗年间,紫禁城又起火了,这次维修断断续续用了三十年。以上这几次还是比较大的维修工程，中间发生的火灾可谓从未断绝，紫禁城当中每个地方几乎都被烧过一次。

到一六四四年，即崇祯十七年，紫禁城又遭大火。不过这次是李自成军放火烧了紫禁城。明朝覆亡了，紫禁城终于不用明朝的皇帝来维修了。清代的皇帝接手了维修工作，继续不停地维修这座皇者之城。直到康熙年间，才终于将紫禁城再一次修好，成为今天的北京故宫的样子。

冤枉呀！乾隆下江南不是去吃喝玩乐，是出门办公

> 不少电视剧想象过皇帝微服出巡的情况，九五之尊混入民间，体察民情，体验民生，顺带游山玩水，花费金钱无数……你真的以为这种事情会发生？皇帝出巡是一件很重要、很严肃的事情，有着不少政治目的。要是只为了玩耍，那皇帝为什么要走这么远呢？

《还珠格格》可谓极具盛名的电视剧，当中就有乾隆微服出巡的剧情。同时也有一部很有趣的古装剧《康熙微服私访记》，是以康熙帝微服出访作为主线。大家或许以为皇帝总是很向往民间的生活，总想着偷偷跑出去，带着妃子侍卫冒险一番，必要的时候展示皇帝身份解决所有问题，只可惜这些只是电视剧一厢情愿的猜想，皇帝出巡自古以来就是国家大事。孟子说道："天子适诸侯曰巡狩，诸侯朝于天子曰述职。"天子视察各诸侯之地谓之巡狩，可见出巡带有很重要的政治意味，既是皇权的象征，亦是统治者最重要的政治活动。古代皇帝一般不会轻易出巡，《史记·孝武本纪》就记载"古者天子五载一巡狩"，但自秦汉开始，

皇帝出巡次数渐渐增多。秦始皇、汉武帝多次出巡疆土。这些出巡每每有着凝聚民心、体察民情、推广教化，以及指导官员的作用。

出巡既是大事，多在局势稳定时进行。在清初，较为重要的出巡就包括了康熙东巡以及乾隆南巡，看看他们的出巡，就会知道古代皇帝出巡，绝非游山玩水这么简单。

清代的统治者总共东巡十次，其中有三次是康熙帝。满族本发源自东三省一带，是清朝统治者最重要的根据地。康熙时期国内战事不断，特别需要满族内部的支持与团结，故康熙多次东巡以巩固民心。前两次的东巡还只是轻装出发，例如首次东巡，康熙骑马就走，花了半个月就从北京抵达盛京（现今沈阳市）。

到了康熙三十七年（一六九八年），康熙平定噶尔丹功成，国内情势稳定下来。于是康熙希望带领皇后、一众皇子、文武大臣奉告祖先，显示自己尊祖之意。这次的出巡历时三个半月，途中的物资、人员可谓多不胜数。据当时的《总管内务府行文档》的记载，"为皇上带往盛京的银两、绸缎等总计八千九百斤，分十二车装"，这仅仅是用于赏赐的财物。还有粮食、武器、衣服、器具等物事，加在一起前后用了一百四十辆车运载。携带如此多的物品自然有其作用，这次东巡前后共三个半月，途中要抚顺噶尔丹余部、拜祭祖墓、笼络不同的王公、赏赐战士，这些举动都可以见到出巡作为政治行动的目的。

康熙的出巡显而易见是为政治服务，而乾隆的出巡则有不少人认为是好大喜功或贪图享乐。其实不尽然，乾隆的出巡更多的是为了展示清朝盛世，笼络各地人心，其中不少出巡都有着很大的影响。很多人只记得乾隆六次下江南，但乾隆一生出巡过很多地方，譬如河南、五台山、山东、盛京、江南。其中六次前往五台山和江南都有着极深的政治目的。相较于康熙时期，乾隆可谓管理着稳定的盛世，雍正又留下不少钱财给乾隆挥霍，使得乾隆追求在功绩上做一代圣主。

六次出巡五台山就是乾隆在宗教上的追求。满族一直受到藏传佛教的影响，早在入关前就有不少满族人笃信藏传佛教。五台山作为佛教圣地，汉传、藏传佛教在此交相辉映，早已备受统治者关注。康熙时期已经数次巡访五台山，并大力修建藏传佛教的建筑。

佛教的地位如此重要，除了信仰之外，政治因素更占一大部分原因。清朝能够稳定统治中国，背后少不了蒙古人的支持。而蒙古人多以藏传佛教四大派之一的格鲁派为尊，推动藏传佛教不失为加强与蒙古同盟关系之举。乾隆多次西巡五台山，每次都会参拜不同的寺庙，既有藏传佛教，也有汉传佛教，以表重视。此举加强了藏传佛教的传播，又促进了和汉传佛教的融合。由于每次皇帝出巡前，必定会有专人将皇帝会到达的景点进行修缮，从而令这些佛教建筑有了更多经费运作，巩固其地位。尤其在第五次西巡五台山后，乾隆在北京城复制五台山的模式，在北京建造了香山宝谛寺和宝相寺，仿照藏、汉两派佛寺的规格。自此之后，藏传佛教在中国更加兴盛，地位更为稳固。

而乾隆六下江南，亦有其政治、民生的考虑。下江南一事，并非乾隆开创，康熙帝在位时亦六下江南。康熙帝曾这样说自己下江南的目的，"朕欲周知地方风俗，小民生计"，同时亦希望临阅河工，治理河道。乾隆下江南的目的，主要是学习康熙。乾隆自己也说过"南巡之事，莫大于河工"，河道之所以如此重要，是因为北京有不少物资都是依仗运河从江南输送。确保河道畅通，就是为了确保北京城能够有源源不绝的物资补充，进而确保首都的稳定。

同时六下江南，亦是为了巩固江南财主对朝廷的支持。满族以甚少的人数入主中原，但在统治方面一直缺少属于自己的人脉网络。虽然到乾隆时期已经入关百多年，但清廷一直在对江南一带的管理上力不从心。毕竟江南历代文教普及，又物产丰富，经济富足，可谓中原文明的所在。满族在文化上处于劣势，若清廷要好好管理江南，必须借助当地的士绅富豪。所以乾隆出巡时显示出对江南的优待，既免除了不少的税费，又任命了不少官员，财、权并下，笼络人心。

乾隆下江南确实花费不少，每次出巡前一年就要准备平整道路，修建行宫，各地官员都要严阵以待。为了显示清廷圣威，每次出行多达上万人，巡幸的船队多达一千多只船，更别提每次出巡所耗费的钱财。乾隆甚至在晚年这样说道："朕临御六十年，并无失德。惟六次南巡，劳民伤财，作无益害有益。"但绝不能因此觉得乾隆下江南就只有吃喝玩乐，享受人生，忽略其政治作用。

在电视剧的宣扬之下，大家都觉得皇帝出巡不外乎游乐、享受。虽然不能否定有玩乐的成分，不过出巡并非等闲事，其背后有明确的政治目的。清代皇帝们通过出巡，既加强了清廷统治的稳固性，同时也有助于文化上的交流，甚至为今天的电视剧留下了一个绝好的题材，可谓一举多得。

第 2 章

别傻傻听人说，
千年典故从何而来

唐代诗人王勃的代表作《滕王阁序》用错典故，竟然一错就是千年？公子在古代也可以指女性？"雕虫小技"其实是很艰涩难懂的古文？这些恐怕语文老师没有告诉过你。

大文豪和诗人也用错典故，
而且还一错千年？

用错典故的事情，不但现代人会出现，古代人其实也不例外。有一个用了千年的典故，想不到竟然是错的。

大家都读过王勃的《滕王阁序》，其中"时运不齐，命途多舛，冯唐易老，李广难封"这一句可谓十分经典，直到今天我们还会用"时运不济"来表示运气不佳。李广大家都知道，但谁是冯唐呢？

冯唐是西汉文帝时期的人，出身自寻常百姓家。但是汉代重视孝道，如果是大家都认同的孝子，就有机会被推荐做官，称作"举孝廉"。冯唐就是在这个情况之下做了一个小官"中郎署长"，这个职位大概就是皇室护卫队当中的一个小队长。

不过能被列入史书当中，自然也有其特别之处。话说有一次汉文帝经过中郎署，冯唐就出外迎驾。汉文帝就和冯唐闲聊了几句"父老何自为郎？家安在？"，一问之下发现这位有点年纪的冯唐竟是来自自己本来的封地"代"。汉文帝八岁时就被封为代王，其封地就是代。知道冯唐来自代，自然就有了共同话题。于是两人就讨论起名将李齐，冯唐认为李齐虽然厉害，但是远远比不上廉颇、李牧，并说自己的祖父和李牧交情很好，自己的父亲和李齐交情也不错，两相比较之下才会这样说。汉文帝说，如果能有廉颇、李牧两位名将为自己效力就好了。

殊不知，这时候冯唐就说了："主臣！陛下虽有廉颇、李牧，弗能用也。"意思就是就算给您廉颇、李牧，皇上您也不会重用啊。汉文帝觉得怎么突然之间就顶撞我了？一气之下就回宫去了。但汉文帝生性宽容平和，未久又叫来冯唐，问他这么说的缘故。

原来当时云中太守魏尚长期抵抗匈奴，又经常以自己的钱财慰劳军士，军队都十分甘心听命于他。可是他有一次上报战绩时，与实际相差了六个首级，于是就因虚报战功之罪，被判刑一年。如此刑罚实在太重，要是廉颇、李牧出现了，以汉文帝的做事方式也不会重用他们。冯唐如此说完，汉文帝觉得很有道理，于是先是任命冯唐为使臣，持节赦免魏尚，然后又任命冯唐为车骑都尉。之后在汉景帝时期，冯唐也做过一段时间的楚相。在汉武帝时期，朝廷广求天下贤良，有人推荐冯唐，只可惜当时冯唐已经九十多岁，无法担任官职了。

听了以上这个故事，很多人就不明白了。这位冯唐，仕途也不算太差。虽然最后汉武帝时期他因年老做不到大官，但是前期的仕途也是不错，官至车骑都尉。这个官职在西汉时期也是一个挺不错的官职，主管整个京师的安保。汉景帝时也曾做过楚相，直到汉武帝广求天下贤良时还有人想起他。怎么看，也不是一位可怜的老人家。"冯唐易老,李广难封",李广行军打仗这么多年还是没有封侯,但是身边有不少人都被封侯了,这才算可怜,似乎冯唐和李广完全不能用来做对比吧?

其实这就是一个被用错的典故,而且用错的历史已有上千年了。最早用错这个典故的,很可能是靠着《三都赋》名满天下的左思。左思的《咏史八首(其二)》当中有一句"冯公岂不伟?白首不见招"。历代注释都说这个冯公指的就是冯唐。但冯唐的生平并不吻合这个描述,其实真正白首不见招的是汉武帝时期一位叫颜驷的人。

班固曾写过《汉武故事》一书,记录了当时宫廷当中的一些有趣的事情。其中就有这样一条:

> 上尝辇至郎署,见一老翁,须鬓皓白,衣服不整。上问曰:"公何时为郎,何其老也?"对曰:"臣姓颜名驷,江都人也,以文帝时为郎。"上问曰:"何其老而不遇也?"驷曰:"文帝好文而臣好武;景帝好老而臣尚少;陛下好少而臣已老;是以三世不遇。故老于郎署。"上感其言,擢拜会稽都尉。

这位颜驷,也是在郎中署做官。不过直到满头白发才被汉武帝注意到,汉武帝就问他什么时候开始做官的,一问之下就发现原来这位老翁在汉文帝时期已经在现在这个职位了。颜驷一直希望晋升,可是汉文帝喜欢任用文官,但他是习武的;汉景帝喜欢任用年长的人,但他还年轻;直到汉武帝喜欢任用年轻人,但他已年老，所以谓之"三世不遇"。

这真是一个伤心的故事，每一位皇帝任用官员的条件他都不符合，就做一个小官做了几十年。汉武帝也十分同情他，于是就给了他一个会稽都尉的官职。这个故事和冯唐的故事也有一点相像之处，那就是都是在郎中署门外开展对话，最后都获得了都尉一职。很可能就是因为这样，就让西晋的左思，错认了四百年前的故事，写下了"冯公岂不伟？白首不见招"。

不单左思出错，白居易也曾写过"重文疏卜式，尚少弃冯唐"。可是尚少所弃的是颜驷，不是冯唐。直到天才神童王勃的《滕王阁序》当中的"时运不齐，命途多舛，冯唐易老，李广难封"，大家都觉得冯唐是个可怜的人，可是真正可怜的是颜驷啊！所以说用典故一事千万要小心。

"公子"也有可能是女生？

看古装电视剧时，男的总是叫什么什么公子。这不是废话吗？男的自然就是"公"的，还用特别强调"公子"吗？但你知道原来女性也可以被称作公子吗？

中国历史上有不少公子，从战国四公子，到明末四公子，最后还有民国四公子。但是"公子"一词，当中的"公"到底代表什么呢？要说此处的"公"是代表性别，真的那么简单吗？

"公子"一词由来已久，《诗经》《楚辞》当中已见其身影。如《诗经·麟之趾》中的"麟之趾，振振公子。于嗟麟兮"，《楚辞·湘夫人》中的"沅有茝兮醴有兰，思公子兮未敢言"。翻查现代注释，往往会说公子代表诸侯之子，但究其原因，很多人认为是由"公"与"私"的相对而起。在战国时期，最基本的社会组织是小家族，这些小家族称作"私"。而与小家族相对就是当时的各个诸侯国，所以诸侯国就称作"公"，和诸侯相关的一切都冠以"公"名，例如"公卒""公门""公事"。"公"一词确实与诸侯有关，但认为是由和"私"相对而起，那不过是基于《说文解字》中"韩非曰：背厶为公"的片面理解。

"公"最初的意思是长者,在甲骨卜辞中就已经出现"公"字。在西周时期,"公"是对于年长者、位高权重者的称呼。例如称呼周公、召公,因为他们就是当时掌握大权的人。这些"公"统率大臣及四方诸侯,是仅次于天子的掌权者,故此"公"亦有了"公共"之意,表示天下的事务。

当时能够被称为"公"的人少之又少,而太师、太傅、太保三位国家大臣正是合称"三公"。但中国自古以来就有以死者为尊的传统,有一些诸侯亦会尊称自己死去的祖辈为"公"。例如鲁国第一位君主伯禽,就在死后被尊为文考鲁公。以上事例都表明,"公"一词最初要不就是尊称地位尊崇的长者,或者就是后代尊称自己的先祖。而"诸侯"一词在当时只是有爵位的贵族的统称。从《春秋经》中可以见到,不同诸侯国的国君称号各有不同,多是称作"侯""伯"等。像晋文公召开的践土之盟,《春秋·僖公二十八年》是如此记载的:"五月癸丑,公会晋侯、齐侯、宋公、蔡侯、郑伯、卫子、莒子,盟于践土。"

但在上面的几位诸侯中,唯独宋国国君被称作"宋公"。看上去好像很奇怪,宋国在当时不过是一个小国,何故能够称"公"?因为论资排辈,宋国是有这个资格被称作"公"的。宋国是西周最早的封国之一,是周王分封的殷商遗民,以祀奉商朝的宗庙。由于其地位并非一般诸侯,而是前朝王室之后,所以当时就有人称宋国国君为宋公。

及至春秋五霸出现,诸侯国的实力已经远远超出王室,对于周室所订立的礼乐制度亦有所僭越。本来只有国民尊称自己的国君,到后来诸侯国的国君也敢自称"公"。例如出土文物秦公钟、"郑公华"青铜钟都是这些诸侯在位时所铸造的,可见诸侯们已经开始使用"公"作为自称。从这时开始,诸侯相关的事物都可以用"公"代称,而公子就是指诸侯们长子之外的儿女。先秦时期,"子"泛指后代,所以最初"公子"是可以指女性的。例如《战国策·中山策》中说:"公何不请公子倾以为正妻,因封之中山,是中山复立也。"公子倾即魏文侯之女。

不过秦统一天下之后,将爵位制度改为二十等制,最高级的是为"公士"。汉随秦制,并加上了"王"这一爵位。这两个朝代的改制使得"公"的地位有所下降。"公"一词开始转为官职的级别,或是对朝廷有功之人死后的追封。后来"公"就成为中国尊称系统的一部分,年长有德的人可以称为某公,深得民心的官员也可以称为"公",例如包公。

由于"公"成为官职的代称,公子所指的对象就自然转为官员的儿子。最初只有高级官员的儿子才可以被称作"公子",在宋明小说中能被称作公子的人,父亲皆是京师大官。但是"公子"一词越发普及,乃至普通市民往往都用"公子"一词称呼官员的儿子,在清代的小说中就可见"公子"这个称呼越来越常见。后来清朝被推翻,"公子"一词的使用再没有限制,于是我们就会美称别人的儿子为"公子"了。

宋体字、明体字到底是怎么分的？

有一些设计相关的读物会说中文计算机字型主要分为黑体以及明体。但是打开计算机又经常见到宋体、明体、仿宋、标楷等。特别是宋体、明体两种完全不同朝代的字体，到底有什么关系呢？

大家现在打开文书处理软件，最常见的就是新细明体、宋体、仿宋体之类的字体。或许大家一看上去就会知道这些字体之间存在着很大的差异，但要了解这些字体名字的由来，那就得认识一下中国古代的印刷业了。

要促使知识传播，最重要的一个载体就是书籍。自东汉蔡伦改良造纸技术，中国的书籍制作就未曾中断。最初是依靠专职抄书人抄写不同的典籍，及至雕版印刷技术的出现，大大改善了中国的书籍出版速度。印制书本变得更加容易，产量也更大。唐代大量翻印佛经时，已经有了成熟的雕版技术，只可惜由于年代久远，唐代书籍甚少能够流传下来。

雕版印刷技术虽然方便，但其弊端亦十分明显。雕版刻制需时甚久，一块雕版有部分损毁就要重新刻制，幸好宋代毕昇发明了活字印刷术，大大改善了这个问题，使得印刷书籍更为迅速。同时代的沈括在《梦溪笔谈》中详细记载了活字印刷，当中是如此评价的："若印数十百千本，则极为神速。"宋代是中国史上文教极为昌盛的一个时代，宋代朝廷"兴文教、抑武事"，为普及文教打下了极好的基础。官方广开科举之路，让读书人有晋升的机会；民间建立了很多学校供平民子弟学习。在如此氛围之下，书籍的出版越发重要，中国古代印刷业亦在宋代形成庞大的规模。

起初官方独占图书出版，广求天下图书，并且加以刊刻收藏。官府对于刻书极为认真，其中供学子使用的典籍，往往需要经过三次校对方可使用。不单中央政府，地方政府亦会大量刊印儒家典籍，以供学生学习。宋代重视文教，在出版方面，不只是重视内容，同时也重视出版时所用的字体，此时的字体以唐代书法家作为参考。

后来宋代朝廷放宽图书出版的限制，允许私人印书，在全国各地形成了几个印书中心，包括都城开封、四川成都、福建建宁、浙江杭州等。由于印书字体没有限制，私人印书坊往往会采用不同的字体来吸引顾客，正楷、行书、古体应有尽有。其中书法名家的字体是最受欢迎的，譬如唐代的颜真卿、柳公权、欧阳询。不同的印书中心也发展出自己的特色，渐渐形成了江浙一带刻书多以欧阳询的楷书、四川一带多用颜真卿的字体、福建一带就是柳公权字体的局面。当时印书的活字由工匠刻制，虽然力求模仿名家笔迹原貌，但毕竟刻字者并非书法大家，在刻制活字时难免会从方便出发，使得各种字体的特色渐渐淡化。但此时书籍所用字体仍多以名家书法为蓝本，与后来我们所见的宋体字有很大分别。

明代以后是印书字体的发展期，明太祖即位后振兴文教，受到战争影响而萎缩的印刷业再次蓬勃发展起来。初时，明代的印刷业是由官府印制经史典籍，民间多刊刻诗词文集。至于字体，多是完全参照宋代书刊，先以描红法将宋本字形描下，再刻制活字。及后明代科举多以四书取士，使得儒家典籍需求甚大，不少民间的书商也开始印制儒家典籍。但由于是私人印书，水平难免参差不齐，其中不少书籍是直接翻刻前代图书。虽然这些书籍看上去与宋本图书十分相似，但往往校对粗疏，甚至连前代的避讳缺笔也一一跟从。朝廷发现这种情况，怕误导学子，于是在嘉靖年间规定严禁翻印旧版图书，并且制定了新的官方版式，要求众人遵从。新字体仍以欧阳询、柳公权的字体为蓝本，但字体结构转趋生硬，虽形似宋本但更添匠气。主要来说，雕字时会顺着木的纹理，讲求横平竖直，将部分斜笔改为较平整的笔画。为配合汉字中竖笔较多的现象，竖笔会刻得比较粗，而横笔就会较细幼。既节省用墨量，亦使笔画较多的字容易辨认。同时收笔处会以三角形代替本来的起末顿势，方便雕刻。自明中叶起，这种工匠体大为流行，明显摆脱了以往对于书法家字体的模仿。明代印书数量极多，使得这种工匠刻书体得以成为一个主要的印书字体，亦即今天所谓的"宋体"。

之所以会称其为"宋体"是因为康熙皇帝在《文献通考》的

序里写有"此后刻书，凡方体称宋体字，楷书均称软字"。既是皇帝所言，自然无法更动，所以以后这种刻书用的字体就称作宋体。其实这种字体与宋代印书时所用的字体关系甚少，所以日本称这种字为"明朝体"。此后这种字体一直占据着印书时的常用字体，清代也对其做出了一些改进，将本来偏长的宋体字，改为略呈扁方的形体，以便在直排书中能够加多每行字数。

所以我们今天所谓的明体字、宋体字，背后都是指明中叶时期所产生的一种工匠刻书体。只是由于日本方面一直称其为明朝体，而在现代印刷技术乃至计算机字型诞生的初期，中文字多是由日本设计，日本的设计者保留了"明体"这一名字，后来在引进字型时，明体也就成为这种字体的名称。

越传越夸张的怪兽：饕餮

中国古代传说中有许多奇珍异兽，翻开《山海经》就可以如数家珍。但若是要讲一只大家都知道的怪兽，恐怕就是饕餮了。

传说中龙有很多儿子，各种说法中包括了赑屃、螭吻、蒲牢、狴犴、饕餮、蚣蝮、睚眦、狻猊、椒图、囚牛、嘲风、负屃。这些名字就算看过，一般人恐怕也念不出来，但至少有一个大家都会认出来，那就是饕餮。作为中国古代诸多异兽之一，饕餮可谓凭着吃闯出了名堂。大家都知道饕餮就是代表着贪吃，乃至大文豪苏东坡也用上了"老饕"一词，以"盖聚物之夭美，以养吾之老饕"来形容自己对于吃的喜好。但是饕餮到底是什么呢？大家似乎都只能说出它很喜欢吃，不过作为古代著名的凶兽，饕餮的来历又岂会如此简单呢？

很多人认为饕餮出自《山海经》，其实不然。最早提到饕餮的是《左传·文公十八年》："缙云氏有不才子，贪于饮食，冒于货贿，侵欲崇侈，不可盈厌，聚敛积实，不知纪极，不分孤寡，不恤穷匮，天下之民，以比三凶①，谓之饕餮。"这段话出自鲁国的史官大史克与鲁宣公的问答，大史克为鲁宣公讲述上古时期十六位拥有美德的才子，以及犯下恶行、大家都憎恨的人。其中一个品行龌龊的人就是饕餮，从以上描述来看，饕餮贪财奢侈又不体恤民间疾苦。所谓"贪财曰饕，贪食为餮"，正表示他的贪得无厌。不过饕餮的身份是缙云氏的后代，缙云氏就是黄帝一族中一支较小的氏族，以赤云作为崇拜对象，在黄帝时期家族中就有人为官。所以饕餮虽然品行不端，但也不至于是一个凶残的怪兽。

不过为什么饕餮本来是人类，后来会变成异兽呢？那就要连带其他几位穷凶极恶的人一起说了。《左传·文公十八年》还记载了几个上古时期恶行累累的人，分别是帝鸿氏之不才子"浑敦"、少皞氏之不才子"穷奇"、颛顼氏之不才子"梼杌"，三者合称"三凶"。其中浑敦象征着是非不分，穷奇象征着谗言小人，梼杌象征着冥顽不灵，他们三者可谓集合了古人所厌恶的行为。更甚的是，他们的后代一直继承着他们的恶行，以至于天下的人都知道他们的坏名声。然而"三凶"乃是三皇五帝时期的人，数百年后的春秋战国时期对于他们的事迹已经不太了解。但他们所代表的恶行实在深入民心，于是乎在不同的记述中他们渐渐有了

---

① 《左传·文公十八年》："昔帝鸿氏有不才子，掩义隐贼，好行凶德，丑类恶物，顽嚚不友，是与比周，天下之民，谓之浑敦。少皞氏有不才子，毁信废忠，崇饰恶言，靖谮庸回，服谗搜慝，以诬盛德，天下之民，谓之穷奇。颛顼有不才子，不可教训，不知话言，告之则顽，舍之则嚚，傲很明德，以乱天常，天下之民，谓之梼杌。此三族也，世济其凶。"

怪兽的形象。

浑敦即混沌,《庄子》《山海经》都提过。《山海经》说他"状如黄囊,赤如丹火,六足四翼,浑敦无面目";《庄子》说混沌没有七窍。混沌是没有面容的怪兽,符合他是非不分的形象。穷奇在《山海经》中有两个版本,一说是有翅膀的老虎,又一说是牛身但长有刺猬的尖刺。其最大的特点是喜以人为食,亦吻合他谗言小人的形象。梼杌形象比较模糊,通常根据晋代《神异经》所说是人面虎足,长有野猪獠牙的凶兽。"三凶"所代表的恶行被形象化为不同的怪兽,而饕餮凭借着恶劣的名声与三凶并列,自然也染上了怪物的色彩。

进一步推动饕餮成为怪兽的就是《吕氏春秋》。《吕氏春秋·先识》:"周鼎著饕餮,有首无身,食人未咽。"有首无身,还要食人未咽,这的确就是一只怪兽。饕餮本来只是恶人,《吕氏春秋》却将刻画在周代青铜鼎上的纹饰称作饕餮,这就确立了饕餮怪物的身份。根据现在出土的周鼎,表面的纹饰往往是兽头,带有一对极大的角,有时亦会有一对极大的眼睛。在鼎上面刻画这些图案往往是为了表现肃穆庄重,却想不到被《吕氏春秋》称作饕餮。从今往后饕餮就成了异兽,不过这也让人有很大的疑惑,饕餮到底是什么样子?最常见的一个说法是"羊身人面,其目在腋下,虎齿人爪",但《山海经》称那种怪兽为狍鸮。东晋郭璞在为《山海经》作注时写,这就是饕餮了。为什么郭璞会这样说,大家都不知道。就像饕餮到底是长成怎样的,大家也不知道。所以说饕餮空有怪兽一名,却没有匹配的形象。

不过饕餮是怪物，饕餮纹却是另外一回事。商周青铜器上的纹饰十分丰富，兽面纹算是很常见的一种纹饰。直到北宋宋徽宗想整理自己的青铜藏品，于是令王黼将宣和殿收藏的八百三十九件青铜器整理编册，每件铜器都准确描摹并加上释文，这就是《宣和博古图》。

书中将青铜器上的兽面纹称为"饕餮纹"，并写道："文作龙虎，中有兽面，盖饕餮之像。"这种说法参考了饕餮贪吃的形象，所以将青铜煮食器上的纹饰称为饕餮。同时也是根据《吕氏春秋》说周鼎上铸造着饕餮纹而来。其实这些纹饰有的像虎，有的像龙，有的像马，现在我们看了，认为这些其实是不同的动物纹饰。不过官方要叫他们作饕餮纹，自然也是没有办法的。所以说青铜器上有饕餮纹，往往指的是兽面纹。

从一个大恶人，经过不合适的类比、乱添加的描述，饕餮成为了一个面目模糊的怪兽。不过这也使得饕餮更加有名，因为饕餮在大家心目中并不是一只凶残的怪兽，反倒更像贪吃的象征。自大文豪苏轼用上"老饕"一词，宋代文人纷纷跟从。例如杨万里《四月八日尝新荔子》的"老饕要啖三百颗，却怕甘寒冻断肠"，陆游《饭罢戏作》的"欲赓老饕赋，畏破头陀戒"。一众诗人都在诗文中用上"老饕"，使得饕餮曝光率大增。凭着贪吃这一点，饕餮渐渐被大家认识，直到现在已经成了大家最为熟悉的古代凶兽。

为何城门失火池鱼就会倒霉？

> 为什么城门失火会殃及池鱼呢？池鱼到底做错了什么？城门失火又关它们什么事呢？

北齐的杜弼写过一篇《檄梁文》，文章的大意就是要为攻打梁国找些理由。文章很长，但是当中有一句大家肯定都听过，那就是："城门失火，殃及池鱼。"到底为什么呢？一直以来大家似乎都说不清楚，古代著名小说集《太平广记》引《风俗通》说道："池仲鱼，人姓字也，居宋城门，城门失火，延及其家，仲鱼烧死。"这位仲鱼兄也是厉害，烧死了也可以成为成语，流传百世。

不过这个荒诞的说法似乎难以取信于人，所以《太平广记》也提供了一个比较正常的说法："又云，宋城门失火，人汲取池中水，以沃灌之，池中空竭，鱼悉露死。"也就是说，人们为了救火，把池当中的水都抽光了，当中的鱼自然就死掉了。但是就这样来说似乎也不太好理解，古代难道就没有专职的消防队了吗？为什么要取池水呢？但如果知道了古代如何建造城墙，就会明白当中的因由了。

城,《说文解字》解释为"以盛民也",也就是用以容纳市民的地方。从商代开始,古人就已经开始建城了。一九五五年出土的殷商郑州城,距今已经三千五百年了。根据其城墙测算,这座古城东西一千七百米,南北两千米。而这座城,以今天的角度来看就是很简单地用土墙围起来的地方。

这种建城方式过于简单,渐渐不符合实际需要。所以自春秋开始,城市多采用城郭制。所谓城郭制就是都城会有着内城、外城之别,用以区分不同的功能区域。内城多供皇室、官员居住,也是行政中心;而外城就是普通居民的生活区、集市区等。由于战国时期战争不断,促进了以外城守卫内城的作用,所以内城、外城都有城墙加以守卫。自此之后,大凡都城都会以这种内外两重的方式建造。甚至为增强防御的作用,都城一般会有三道城墙,皇宫、内城、外城各一道。

但是古代能够采用城郭制的城市,不是都城就是战略要地,占地往往极大,自然不可能从外地运来所有建筑材料。特别是城墙,动辄长达几公里,如果能够就地取材自然是最好不过了。古代用砖头建城墙的做法在明朝才出现,在此之前多用夯土法。夯土法是就地挖土再混以沙、碎石、黏土等成分。然后在需要建城墙的地点搭建模具,将混合好的材料倒进模具当中压实,待风干后拆掉模具就成了城墙。以这种方式建设的城墙,前方必定有着一道深坑,一下雨深坑便形成护城河,这条护城河就叫作"池"。

《礼记·礼运》言"城郭沟池以为固",《孟子·公孙丑下》

言"城非不高也，池非不深也"，《墨子·备城门》言"我城池修，守器具，樵粟足"。从这些先秦文献可见，当时城、池往往并称，正是因为有城墙的地方必有护城河。修多少城墙，就会有多少条护城河，例如宋代开封就有着三道城墙、三道护城河。

所以回到一开始的问题，城门失火为什么会殃及池鱼？就是因为离城门最近的水源就是护城河，城门失火当然是用护城河中的水来救，当中的鱼自然就被殃及。同时因为有城（墙）必有护城河（池），所以直到今天我们还会城池并称来指代古代城市。

祭拜要拜到仁至义尽

> 仁至义尽,是用以形容善意和帮助都做到最大努力了,而腊月则是指农历中一年的最后一个月。看上去毫无关系的两件事情,背后其实都和祭祀有关。

现在我们常常会用到"仁至义尽"这个成语,用以表达仁、义两方面都到达了极致。翻查这个成语的出处,会发现这个成语背后的故事十分有趣。这个成语最早的出处乃是《礼记·郊特牲》中的"蜡之祭,仁之至、义之尽也",当中提到了一种祭祀叫"蜡之祭",这到底是什么呢?

古人十分重视祭祀,越是远古的人,越是重视祭祀。正如《左传·成公十三年》所说:"国之大事,在祀与戎。"所以不论是祖先、神祇或是自然现象,在古人眼中都是需要祭拜、需要恭敬对待的事物。而万物收成的季节,也自然需要一场盛大的祭祀,这就是蜡祭。

《礼记·郊特牲》说到"伊耆氏始为蜡",伊耆氏,唐代经学家孔颖达认为指的就是神农氏一族,可见蜡祭的历史十分久远。而为什么称这次的祭祀为"仁之至、义之尽也",那就要了解一下这场祭祀的拜祭对象。根据《郊特牲》当中的记载：

> 蜡之祭也，主先啬而祭司啬也。祭百种以报啬也。飨农及邮表畷，禽兽，仁之至、义之尽也。古之君子，使之必报之。迎猫，为其食田鼠也；迎虎，为其食田豕也，迎而祭之也。祭坊与水庸，事也。

当中可见需要祭拜的有先啬、百种、农、邮表畷、禽兽、坊与水庸。根据《礼记正义》中的解释，这些事物都是和农业息息相关的。先啬意思就是先农，指的就是古代以农业为生的氏族，也就是神农的氏族。百种，也就是各种作物之神。农，亦即农神，感谢他庇佑过去一年的农作劳务。邮表畷，就是亭子、小道以及大道三者的合称，它们都是使农作变得便捷的帮手。禽兽，最主要的就是扑杀田鼠的猫，以及驱杀野猪的老虎，感谢它们保护农作物免受伤害。坊与水庸，也就是水利工程，因为它们能够防洪以及帮助灌溉。除此之外还有两位很重要的神，由于会独立拜祭，就未列入其中。一是天宗，《礼记·月令》中提到"天子乃祈来年于天宗"，所谓天宗即是天神，祈求来年风调雨顺。另外就是经常会拜祭的社稷之神，也就是土地神了。

如此多的祭祀对象，可以说是为了感谢诸方有灵之物的保佑，使得今年能得以丰收，又是为了祈求来年能够继续有着不错的收成。正如《礼记正义》中的解释："不忘恩而报之是仁，有功必报之是义也，蜡祭有仁义之至尽也。"蜡祭可以说把和农业相关的事物都列入祭拜当中，其一是为了强调对于农业的重视，其二也是为了体现"有恩必报"的美德，所以说这一场祭祀是"仁之至、义之尽也"。

其实不仅是报答诸多有灵之物，蜡祭也是让劳动者休息的日子。蜡祭是全国性的祭祀，上至天子下至平民都会参与其中，这一天大家都会停工一天参与祭祀。由于这是年末最重要的一次祭祀，仪式非常盛大，有歌舞音乐，各地亦会有德高望重的人带领祷告。祭祀结束后，大家还可以聚餐饮酒，这也是一年当中少数可以放纵喝酒的日子，可以说是举国同庆。

蜡祭如此重要，自周代开始就是如此，但在同一个月还有另外一个祭祀祖先的祭典，那就是《礼记·月令》中所提到的"腊先祖五祀，劳农以休息之"。这一个祭祀是专门拜祭先祖的，是为腊祭。拜祭先祖和拜祭百神本是泾渭分明的，但由于时间十分接近，渐渐混为一谈。从汉代开始统称为"腊"，在一场祭祀中同时祭拜先祖及百神。汉代确立每年冬至后第三个戌日就是腊祭之日。就如《说文解字》中如此解释："腊，冬至后三戌，腊祭百神。"由于祭祀对象非常多，前后准备的工夫往往需要八九天。可以说整个十二月都在围绕着腊祭忙碌，这一个月渐渐地就称为腊月了。

古人相信万物有灵，亦因此一年四季都有不同的祭祀，拜祭不同的事物。而这一场冬季最大的祭祀，为我们带来了"仁至义尽"和"腊月"两个典故，足见其影响之深远。

雕虫绝非小技，而是神技！

雕虫小技，通常是用在自谦之语，描述自己所懂的东西微不足道，或者自己的文章不过尔尔。但为什么雕虫会是小技呢？

扬雄是西汉重要的文人，虽然有口吃的毛病，但是其著作却扬名于世。《法言》是其重要著作之一，当中记录了一段很有趣的对答。

或问："吾子少而好赋？"曰："然。童子雕虫篆刻。"俄而曰："壮夫不为也。"

有人问扬雄："您年少的时候很喜欢写赋是不是？"扬雄说："是的，可是那不过是小孩子学雕虫篆刻的事情，长大了就不会再做这些了。"后来"雕虫篆刻"被改作"雕虫小技"，成为大家常用的成语之一。

篆刻十分容易理解，但是为什么童子要学雕虫呢？其实此处的"虫"是指虫书，是古代的字体之一。《说文解字序》中说道："自尔秦书有八体。一曰大篆，二曰小篆，三曰刻符，四曰虫书……"大家或许都知道秦时有大篆、小篆、还有隶书等，但其实当时官方书写字体有八种，其中就包括了虫书。仅从名字推想，难道虫书是有虫的？

其实文字最初是由象形而起，字与画本身可谓同出一源。虽然文字是以表意为主，但在特定的场合还保留着一定的装饰性。而从出土文物中可见，从春秋中期开始有一种成系统的装饰性字体。这种文字的笔画会较为曲折，文字中也有着象形的鸟纹，后世称为鸟虫书体。例如一九六五年望山一号楚墓出土，轰动一时的"越王勾践剑"，剑上的铭文就是用这种字体刻写的。

鸟虫书最大的特色就是在文字上添加像鸟的纹饰，或者是用鸟纹替换文字中的部件。在春秋战国时期最为盛行，繁复者会添加栩栩如生的鸟纹，简单者则会勾勒出鸟的轮廓。为何选择鸟作为装饰？最主流的看法是源于上古氏族对于鸟的崇拜。鸟虫书出现最多的地方就是长江中下游一带的国家，这些地区是本来以鸟作为图腾的东夷、淮夷之地，在文字上添加鸟纹也合情合理。但是为何文字上多以鸟纹作为装饰，后来却会出现虫书这个名字？这是因为当时除了风格写实笔画繁复的鸟书，也有另一种简单的鸟书。简单的鸟书是改造文字中的笔画，使其盘旋弯曲仿如虫子。后来汉代的学者就称这些经过简化的鸟书为虫书，后世的文字学家合称两者为鸟虫书。

而现在可见最早的鸟虫书刻画在楚王子午鼎之上。在出土文物中发现最多鸟虫书的亦是楚国，这和楚国是青铜器大国有很大关系。由于鸟虫书的作用不仅仅是为了记录,更多是为了装饰器具,故此在刀剑兵器、青铜器具上最容易发现。同时楚人十分崇拜凤凰,对于凤凰的倾慕使得不同的器具上都能够见到凤凰的身影。凤凰是百鸟之王,自然会使楚人对鸟类特别喜爱,因而楚国的青铜器亦特别多鸟虫书。春秋战国时期青铜器的制造特别发达,鸟虫书的笔画曲折弯蜿,用于装饰极为华美,在青铜器上使用鸟虫书更显其庄重。正因为鸟虫书凭借着在青铜器上的广泛出现,地位极为崇高,秦统一六国后,规定各国文字需要统一,当中就留下了鸟虫书作为"秦书八体"之一。

回顾扬雄的话,为什么童子需要学这些鸟虫书呢?其实在西汉初年,鸟虫书是考试的一个环节。《汉书·艺文志》说道:"太史试学童,能讽书九千字以上,乃得为史。又以六体试之,课最者以为尚书、御史、史书令史。"也就是说当时要做官需要经过文字上的考试,懂得九千字是基本条件。然后就是要考写字,懂得写古今书体的人才可以担任更高的官职。所以当时的学生就需要学会写包括虫书在内的六种字体。

但当时还需要学鸟虫书,不过是因为西汉距离秦代尚近,鸟虫书还保留着其官方地位。事实上鸟虫书书写繁复,辨读艰难,实用性低,在战国末年渐渐沦为器具上的装饰。汉代虽然还在使用,但是其范围只是限于印章、幡信或者工艺品上。所以说雕虫是为小技,是因为就算学会了,用处也不多。

但虽如此,鸟虫书作为艺术字体一直流传在各种作品中,例如唐代武则天的《升仙太子碑》碑额"升仙太子之碑"六字就是用鸟虫书所写。清代有一本《历朝圣贤篆书百体千字文》，当中亦有鸟虫书的身影。及至当代，雕虫也绝非小技，除了少数专门修习过的书法家，懂得鸟虫书者寥寥无几。

第 3 章

到古代当美女可不容易

古代好对于发、妆、服饰非常讲究，如果不小心穿越变成女人的话，你就要多花点心思了解一下当时的流行时尚了！没有应场合而搭配合适的裙、衫、帔、发型、妆容，那可是会被古人笑话的！

古代美甲达人之美甲术

现代流行染甲、美甲之类的装饰，市面上也有很多这类的服务。但是古代的女人会如何修饰她们的指甲，令一双玉手看上去更美呢？原来方法也真的挺多。

"爱美之心，人皆有之"，但怎样令自己变得更美则是千古不变的问题。一双玉手作为身上最灵巧的部位，自然也是女人们重视的地方。古代人觉得美丽的手应当像嫩葱一般，如同《诗经·硕人》中所说："手如柔荑，肤如凝脂。"但是纤纤玉手这件事多少由先天决定，那女人又可以做些什么使自己的手看上去更美呢？

现在有很多人会染甲或者做美甲。其实古代女子也会染甲，而且历史十分悠久。自唐代开始就有染甲的风气，相传是杨贵妃带起千年的染甲潮流，明代王三聘在《古今事物考》卷六中说道："唐杨贵妃生而手足爪甲红，谓白鹤精也。宫中效之，此其始也。"但生来手足甲红未免太过神奇，所以杨贵妃有可能是染红了她的指甲，身为当时的流行领头羊，这个可能性其实颇高。

从诗人的描写中我们可以见到古代女子染甲确实备受欣赏，诗人们对此不吝赞叹之词。唐代诗人张祜《听筝》中"十指纤纤玉笋红，雁行轻遏翠弦中"，就描写了弹古筝的女子指甲染红的样子。元代杨维桢更是写了几首与染甲有关的诗词，如《美人红指甲》的"金凤花开色更鲜，佳人染得指头丹"，《凤仙花》的"一点愁疑鹦鹉喙，十分春上牡丹芽"。

那么古代人会用什么来染指甲呢？清代朱象贤的《闻见偶录》记载："妇女采凤仙花捣染指甲，红如琥珀可爱。"凤仙花是古代染指甲最常见的一种材料。一来是凤仙花极易生长，一年能够开花两次，李时珍在《本草纲目》中写道："凤仙，人家多种之，极易生。二月下子，五月可再种。"二来是凤仙花具有腐蚀性，凤仙花的药用价值就是用以主治"积块噎膈，下骨哽，透骨通窍"。在煮肉的时候加入凤仙花，肉很快就会煮得软烂。这种腐蚀性能够侵蚀指甲表面，使得指甲很容易就能上色，并且维持很长的一段时间。

从清代赵翼的著作《陔余丛考》中我们可了解到古代的妇女如何用凤仙花染甲："凤仙花，红者捣碎，入明矾少许，染指甲，用片帛缠定，过夜。如此三四次，则其色深红，洗涤不去，直至退甲方渐失之。"就是利用红色凤仙花的汁液，加入明矾，涂在指甲上并用布条包住过夜，指甲就能上色了。而且效果极为持久，除非指甲重新长出来，否则颜色会一直依附在指甲上。

此外也有利用指甲花来染甲的做法，很多人以为凤仙花与指甲花是同一样事物，但其实两者是有很大分别的，在《本草纲目》中就有很详细的记载:"指甲花,有黄白二色,夏月开,香似木犀,可染指甲,过于凤仙花。"清代李调元的《南越笔记》中也有记载:"指甲花似木樨,细而正黄,多须药。一花数出,甚香。粤女以其叶兼矾石少许染指甲,红艳夺目。"指甲花一名,会使大家觉得它的使用方式和凤仙花差不多。但其实指甲花叶子的汁液才是染甲的主要材料,这也是指甲花与凤仙花最大的分别。现在我们知道指甲花含有一种红橙色的染料分子,其中又以叶子的含量最高,所以用指甲花叶子的汁液来染甲效果更好。

　　染甲在古代十分流行,但仅仅是染甲,似乎并不能满足女人的爱美之心。头上有头饰,颈上挂着项链,手上自然也应该有配饰。除了一般的手链,古代的女性还会戴指甲套。为什么会出现指甲套这种装饰呢?这就要说到古代女性留长指甲的习惯了。古代女性需要操持家务,留着长指甲会十分不方便。但是大家闺秀就没有这个问题,所以她们就习惯留长指甲以彰显自己的身份。渐渐地,古代女性就以长指甲为美,《红楼梦》第七十七回中写了这么一幕:"晴雯拭泪,把那手用力拳回,搁在口边,狠命一咬,只听咯吱一声,把两根葱管一般的指甲齐根咬下。"能够将指甲咯吱咬下,其长度可想而知。

　　这么长的指甲,也需要好好保护,于是指甲套应运而生。指甲套的原型是古代的琴拨,古代女性在弹琴时会戴着琴拨以保护手指。在内蒙古准格尔旗战国墓、吉林榆树大坡老河深汉墓都出土过这样的琴拨。后来明清时期将这种指甲套加以改进,使其更具装饰作用。特别是清代皇室对饰物甚有追求,促使指甲套用料越发华贵，品相更趋精美。清代的指甲套有很多不同的材质，当中以金属、玉石最为常见。指甲套一般长约四寸，细长略弯曲，指端尖细，背面通常镂空，用于通气。表面会纹上花卉、古钱、桃蝠、喜寿字等吉祥纹样。晚清时，护甲套的款式更见奢华，往往镶嵌上名贵珠石。而指甲套的作用除了保护长指甲不被损伤之外，戴上后更可增加手指的纤细感和修长感，当时的贵族女性都十分喜欢。例如慈禧就十分钟爱指甲套，在现存慈禧的照片上都能看见她分别在右手的中指和小指上戴着三寸长的金护指，左手亦有两个指头戴有同样长的玉护指。在清道光朝绘的《喜溢秋庭图》中，后宫妃嫔都会佩戴护甲套，以示其尊贵身份。

古代物质不及现代丰富，但无阻女人的爱美之心。为了一双纤纤玉手，她们想尽办法，使其亮艳生辉。不论是取材自然的染甲，还是精工制作的指甲套，论起古代女性的华美奢贵，恐怕只有更胜现代而无不及。

千年前最流行的时尚彩妆

到底化个妆需要多久呢？这个问题很难一概而论，但是不少男生都会觉得女生化个妆似乎要花很长时间！要是回到古代，没这么多化妆品，约她们逛街会不会不用等这么久呢？少年，要是你回到古代，恐怕还是要等很久的。

自古以来，女生为了追求美貌，不免要美美地化个妆。但不要以为古代女生没有多少化妆品，化妆就会是一件简单的事情。古代女生化妆，其实一点都不简单呢。

古代女性的化妆品确实很少，因为不像现在有发达的化学合成技术。古代的化妆品多依靠天然材料，使得当时并没有多少化妆品可用。不过有两种化妆品可谓贯穿整个古代化妆史，那就是妆粉与胭脂。

妆粉就像是今天的粉饼，不同时代的面妆虽然各有不同，但都少不了敷粉这一环节。古人喜欢偏白的脸面，敷粉可使面容看上去更加白净，也更能凸显其他化妆品的颜色。敷粉可谓最早出现的化妆品，宋玉的《大招》中即有"粉白黛黑，施芳泽只"，《韩非子》也说："故善毛嫱、西施之美，无益吾面，用脂泽粉黛则倍其初。"从这些记载中可见早在战国时期已经有了妆粉,并且是重要的化妆品。最早的妆粉是利用粱米做成的,先要将粱米淘洗干净,放在水中静置多日,再捣烂后加以沉淀,然后将缸底的粉浆晒干后就会得到粉饼。《说文解字》说"粉,傅面者也。从米分声",说明了从前的"粉"就是指敷面用的粉。后来出现了配方更复杂的敷粉,像是宋代的玉女桃花粉就以益母草、石膏粉制成;在明代有紫茉莉花籽制成的珍珠粉;或是用滑石研磨的石粉,等等。

与妆粉相匹配的化妆品就是胭脂。胭脂可谓古代最有名的化妆品,大凡需要红色的妆容都会用到胭脂。胭脂,古称燕支,从名称来看就是燕国的产品。当时燕国出产一种植物,叫作"红蓝"。红蓝花中有大量红色素,把红蓝放在石钵中反复杵捶,就会得到鲜红色染料。这就是最早的胭脂,习凿齿《与燕王书》云:"焉支山下有红蓝,足下先知否?北方人探取其花染绯黄,按取其上英鲜者作烟肢,妇人采将用为颜色。"最初的胭脂不过是植物汁液,后来人们将这些汁液混入动物脂肪中,以便保存。

靠着简单的化妆品,古代女性会画出如何精致的妆容呢?最早留下名字的妆容是汉代的一种"慵来妆",顾名思义这种妆是用以展示女性慵懒娇媚的情态。这种妆容到底是怎样的呢?根据《赵飞燕外传》中的"施小朱,号慵来妆",猜想应该是在面部施以淡红色的粉,但由于没有相关的画像流传,我们也难以确实得知这种"慵来妆"的样子。

确实可靠的女性妆容是从唐代开始,当时女性化妆可谓十分复杂。初唐妇女流行的面妆,有浓与淡两种。唐人宇文士及《妆台记》中记载:"美人妆面,既傅粉,复以胭脂调匀掌中,施面颊,浓者为酒晕妆,浅者为桃花妆。"从一些唐代仕女图当中我们也可以见到这两种妆容。淡妆者,面上只有淡淡的桃红色;但是浓妆者,左右两边面颊都是浓浓的牡丹红。若是以今天的标准来看,这种浓妆远远超过我们对于浓妆艳抹的理解,但是当时的人都以满脸涂红为美。《开元天宝遗事》中有记载唐代大美人杨贵妃每到夏天的情景:"每有汗出,红腻而多香,或拭之于巾帕之上,其色如桃红也。"用手帕一抹,就连手帕也染红了,可见脸上胭脂之多。

然而中唐以后,受到胡人的影响出现了以赤色涂脸的风气。大诗人白居易有诗为证,《时世妆》中说道:"圆鬟无鬓堆髻样,斜红不晕赭面状。"[①] 所谓的"赭面状"就是指面上不施妆粉,直接涂红。这种化妆技巧明显是由外地传入。《新唐书·吐蕃传上》说道,吐蕃人"衣率毡韦,以赭涂面为好",唐代对外交流频繁,妇女学起外来的化妆技巧也不意外。这种外地传入的化妆技巧,甚至还使得当时的妇女喜好将嘴唇涂成黑色。诗句有证:"乌膏注唇唇似泥,双眉画作八字低。"除了把脸涂红,还有没有其他

---

① 《时世妆》一诗描述的是天宝年间流行的妆容,全诗如下:"时世妆,时世妆,出自城中传四方。时世流行无远近,腮不施朱面无粉。乌膏注唇唇似泥,双眉画作八字低。妍媸黑白失本态,妆成尽似含悲啼。圆鬟无鬓堆髻样,斜红不晕赭面状。昔闻被发伊川中,辛有见之知有戎。元和妆梳君记取,髻堆面赭非华风。"

妆容选择呢？其实当时也有把脸涂黄的妆容，称作佛妆。所谓佛妆，就是把脸涂成黄色或深黄色。这种妆容的诞生确实和佛教有关系。佛教传入中国后，在南北朝时期大力发展，有妇女从涂金的佛像之上受到启发，将额头涂成黄色。南朝简文帝的《美女篇》有曰："约黄能效月，裁金巧作星。"及至唐代，喜爱这种佛妆的女士也大有人在。温庭筠在《偶游》中写道："云髻几迷芳草蝶，额黄无限夕阳山。"

如果觉得古代女性的化妆仅仅是上粉，涂上不同颜色的胭脂，那就错了。古代女性化妆的另一个重要的环节就是眉妆。眉目传情，眉的修饰也十分重要。先秦时代开始女子就以黛画眉。黛，是指青黑色的颜料，本意就是指用黑色的颜料代替本来的眉毛。既然是画眉，自然就会画出不同的形状。西汉司马相如的《上林赋》就已经写道"长眉连娟，微睇绵藐"，长眉即把眉画得很纤长。《后汉书·梁冀传》说："寿色美而善为妖态，作愁眉，……以为媚惑。"孙寿是当时的大将军梁冀的妻子，以娇媚见称。愁眉就是指细而曲折的眉形，是当时人认为娇媚的象征。

唐代女性流行的眉形，更是随着时代变迁不停变换。唐初女性崇尚阔眉，《霏雪录》中说道："唐时妇女画眉尚阔。"不过潮流的东西说变就变，唐玄宗时期，妇女就崇尚细长淡雅的眉形，如张祜所说的"淡扫蛾眉朝至尊"。但是到了唐德宗年间又转而喜欢短眉，所以当时元稹有诗云："莫画长眉画短眉，斜红伤竖莫伤垂。人人总解争时势，都大须看各自宜。"

画眉的重要性使得古代女性研究出不同的眉妆，最有名的就是所谓"十眉"。唐代张泌的《妆楼记》中记载："明皇幸蜀，令画工作《十眉图》，横云、斜月，皆其名。"到底什么是《十眉图》呢？明人杨慎著有《丹铅续录》，当中就说道，唐明皇时期曾下令将当时流行的眉形画成画作，并加以命名。据记载，这十种眉形分别为鸳鸯眉、远山眉、五岳眉、三峰眉、垂珠眉、月棱眉、分梢眉、逐烟眉、拂云眉以及倒晕眉。以上十种眉形，到底如何，如今已是难以考证。不过仅是流行的眉形亦有十种之多，可见当时女性对于眉妆的追求。

确实从唐代的诗句中可见，唐代的女性都为了两道眉而费尽心机。例如韦庄的《秦妇吟》中说道："东邻有女眉新画，倾国倾城不知价。"当时的眉妆已经十分多了，要是能画出新的款式，简直千金难买。又如朱庆余的《近试上张水部》："妆罢低声问夫婿，画眉深浅入时无？"画眉的风气说变就变，要是画得眉形不贴合潮流，岂不是白费心机？

以上所提及的仅仅是古代女性的主要面妆以及眉妆。其实古代的妇女还有很多关于化妆的款式。例如花钿，就是指利用像是金箔、花叶等材料，剪成梅花状再贴在额头上，称作梅花妆。这种在脸上贴花钿的风气，在唐代十分流行。不但贴在额头，还贴在面颊；不但剪成梅花状，还有月牙形、铜钱形。高承《事物纪原》中记载："远世妇人妆喜作粉靥，如月形，如钱样，又或以朱若燕脂点者，唐人亦尚之。"

自古以来，女性就在追求美丽的路上奋发前进。材料简单，心思搭救。古代妇女创造出不少的妆容，让自己看上去更加美艳动人。"女为悦己者容"，其实花这么多心思也是希望心仪的人会喜欢。所以各位男士再等一等吧，只要化好妆女士们就可以出门了。

古代才女的养成之路

> 大家或许都觉得在古代女性没有机会接受教育，又或者以为古人都推崇"女子无才便是德"，所以古代女子的受教育水平普遍低下。但是古代社会其实有不少才女，很多才女诗书画皆擅长，她们是如何接受教育的呢？

在中国古代，女性教育并没有一个完整的体系。一来在古代读书很大程度是为了求功名，古代女性做官的比例极低，这就注定大部分的教育资源女性都无法享受到。二来，古代社会并不觉得女性有必要接受教育，认为女性只负责家庭内的事务，何须接受教育呢？

然而这只是针对平民百姓，其实中国古代的女子教育早在先秦时期就已经存在，不过这种女性教育多集中于上层社会。如清代大学者章学诚所言："但妇学则古实有之，惟行于卿士大夫，而非齐民妇女皆知学耳。"那么到底古代的大家闺秀会怎样接受教育，又会学些什么呢？

先说一个与女性教育关系密切的职业——"傅母"。傅母由来已久，在先秦时期就已经有文献记载。因为古代的女性教育不似男性有着集中的教学场所，她们多在深闺中学习，这就是为何需要傅母。有别于一般的保姆，傅母专门负责教育皇室贵族的女子，《礼记·内则》谓"女子十年不出，姆教婉娩听从"，就是在说傅母对于大家闺秀的教育。但是傅母会教些什么呢？当时没有完整的记载。不过据《元史·列女传序》所说："古者女子之居室也，必有傅姆师保为陈《诗》《书》《图史》以训之。"看来教导《诗经》是必要的功课，子曰"不学《诗》，无以言"，贵族女子有时也会参与外交场合，所以也必须学习《诗经》。《史记》《左传》等典籍中所记录的贵族妇女，也往往能出口成章。

但傅母更为重要的职责其实是女德教育，如《白虎通·嫁娶》所说："妇人所以有师何？学事人之道也。"古代重视女德，尤其是显族妇女更是需要时时刻刻注意自己的言行。故此一些显达家族中的傅母会终身跟随小姐，乃至出嫁后仍作为她们道德上的指引。例如《列女传》中的《齐女傅母》就记载了齐庄公嫡女庄姜的傅母。在庄姜出嫁后，这位傅母也依然跟随庄姜，并时时刻刻提醒庄姜注意自己的言行。庄姜打扮得过于妖艳，这位傅母就叮嘱道："子之家，世世尊荣，当为民法则。子之质，聪达于事，当为人表式。"

由于傅母职责重大，所以要经过严格挑选方能担任。《白虎通·嫁娶》中说："国君取大夫之妾、士之妻老无子者而明于妇道，又禄之，使教宗室五属之女。"不但要出身良好，也要明于妇道，最好也是受过相同的教育。因此傅母多是由出身大家族或士族的年老女士负责，并由官府分配至不同的人家。这种由官方主导的制度就是最早的贵族女性教育。

傅母这一种女德教育在先秦，乃至汉代都十分流行，但其侧重点只是道德教化。如果女子要有更多文化上的修养，像历史上的很多才女，都是由其父亲负责教导熏陶。比如大家都熟悉的才女班昭，是汉代的著名学者之一。她精通经史，曾在皇宫中担任"女师"，写下《女诫》七篇，在当时广为传诵。她甚至续写了其兄长未完成的《汉书》，独立写成《汉书》中《百官公卿表》与《天文志》两篇。班昭之所以能有这样的学识与能力，与家族的熏陶有极大的关系。班昭的父亲是汉代大文豪班彪，《汉书》的撰写工作就是由班彪而起。而班昭的兄长班固也是当时的一流学者，负责撰写《汉书》。在这样的家庭环境之下，班昭的成绩也不难想象。正如她自己在《女诫》中所说，"鄙人愚暗，受性不敏，蒙先君之余宠，赖母师之典训"，可见父亲对她的教导。

同样地，东汉才女蔡文姬也得益于父亲的传授。蔡文姬在文学以及音乐上都有很高的造诣，据《后汉书·列女传》所形容，她"博学有才辩，又妙于音律"。而蔡文姬的父亲正是东汉末年的大学者蔡邕。《后汉书·列女传》记录了一次曹操与蔡文姬之间的问答[①]，蔡文姬就提到她父亲曾赠予她四千多册书，她能够背诵出来的就有四百多篇。即便是当时的男性也很难有如此多的藏

---

① 《后汉书·列女传》："操因问曰：'闻夫人家先多坟籍，犹能忆识之不？'文姬曰：'昔亡父赐书四千许卷，流离涂炭，罔有存者。今所诵忆，裁四百余篇耳。'"

书量，但蔡邕赠予女儿如此多的书籍，足见他对女儿的培养。

其实历史上出身于书香门第的才女，为数不少，翻开典籍可见到许多记载。例如《晋书·列女传》："韦逞母宋氏，……宋氏幼丧母，其父躬自养之。及长，授以《周官》音义。"这位宋氏后来甚至开立学堂，"于是就宋氏家立讲堂，置生员百二十人，隔绛纱幔而受业"。又例如明代所编的女性诗集《名媛诗归》中也记录了不少由父亲教授的才女："孙慧兰，其先沛人也，字慧兰，高朗秀慧，年六岁，母卒，父教以诗书。"这些女性的学识多得益于家庭的栽培，虽然没有经过正式的学堂教育，但才智也不输男性。

之后更有专门聘请教师的做法，到了明清时期甚为普及。一来得益于社会风气的解禁，社会对于女子教育更为接受；同时也是出版业的昌盛，使得知识的传播较为容易。在明清时期，稍有钱财的人家都会为自己的女儿聘请老师授学。所以这两个朝代的才女远胜前代，由这一时期所刊印的女性诗文集可见一斑。明末清初编集的《众香词》，辑选了全国各地女词人的作品。所收录的女词人多达四百位，是为历代之最。

《众香词》一书也记录了不少女性求学经历，当中可见除家庭栽培外，受教于先生的也不少。如明末的吴琪"幼即颖悟，五岁时辄过目成诵。父母见其慧性过人，为延师教读"，又如清初才女汪嫈"姿韵高秀，少受业于宿儒方泰。年十三四，工声律，通经史"。这些才女都是因为天资聪慧，父母又聘请老师教导。这种风气的普及，在话本小说中也有反映。《醒世恒言》第七卷

《钱秀才错占凤凰俦》中也写道:"高赞请个积年老教授在家馆谷,教着两个儿女读书。那秋芳资性聪明,自七岁读书,至十二岁,书史皆通,写作俱妙。"

教育在古代确实是一件奢侈的事情,但如果以为古代的女性都没有机会接受教育,也不符合实情。事实上不少学者都注意到中国古代的女性教育一直都存在,只是隐藏在名门望族当中。例如章学诚、钱谦益等人都提到古代贵族女性所接受的教育,认为这种教育虽然不成系统,但古已有之。大家族出身的才女确实凤毛麟角,也显示出古代社会对于女性的不公。但也幸好有这些不凡的才女,把握住这些少有的机会,才为女性在古代文化史上留下了珍贵的足印。

戏院是古代旷男怨女的邂逅之地？

现在看电影是最平常的娱乐之一，但要是说电影院只可以男性进去，要是女生去看一场电影就会被口诛笔伐，不知道大家会怎样想？不要以为这是天方夜谭，这的确是曾经发生在古代的实况。

看电影或者看话剧，都是很普通的娱乐。但是在古代女生想看戏，那可就不是一件简单的事情了。从宋代开始就有不少的士大夫，论述女性看戏是如何导致世道崩坏、道德沦丧的。在元、明、清三代某些关于禁止女性观戏的禁令十分严格，防女子观戏仿佛防洪水猛兽一般，生怕女子观戏就会导致社会风气的败坏。在当时的社会，许多文人学士认为女性看戏就是败坏妇德的一种，以致抨击女性观戏的议论纷纷而起。

关于女性观戏的反对声音，最早要从朱熹的弟子陈淳说起。朱熹大家都知道，他是程朱理学一派的宗师，他提出的理学本是提倡"仁"。但是在方法上主张"守礼"，强调"收敛私欲"。后来渐渐变为禁欲主义，成为大家熟悉的"存天理，灭人欲"。

在宋宁宗期间，朱熹的弟子陈淳就率先对于女性看戏提出反对意见。当时他呈上了《上傅寺丞论淫戏书》，当中主要提出两个理由反对女性看戏。其一就是看戏会诱使妇女外出，"诱惑深闺妇女出外，动邪僻之思"，认为女性外出可能会动了一些花花念头；其次是看戏的场所男女混杂，会使"旷夫怨女邂逅，为淫奔之丑"，指称看戏会引动男女私情甚至私奔！

先别觉得陈淳一派胡言，其实当时真的发生过妇女看戏后私奔的情况。元代刘一清所撰《钱塘遗事》记录了这样一件事："至戊辰己巳间，王焕戏文盛行于都下……一仓官诸妾见之，至于群奔，遂以言去。"当中所提及的"王焕戏文"即是南宋时期一套颇为有名的剧目《风流王焕贺怜怜》，故事内容还是才子佳人情投意合，却被人从中拆散，几经波折方能在一起。由于当中有着一些私会的情节，当时有不少人抨击这套戏。加上发生了有妇女看完这套剧后私奔的事情，在这种情况下，陈淳的意见亦算是对当时现象的一种反映。

但是从元、明、清三代开始却愈加加大了对于女性观戏的禁止。这是因为自元代开始，中国戏剧越来越普及。元代是中国古代戏剧发展的高峰期，不少的剧作家开始创作各种杂剧。其中《西厢记》一出，风行各地，成为中国最重要的戏剧之一。但是剧中提出的自由恋爱的思想，完全有悖于传统礼教中的婚嫁规条。同时元、明、清三代奉朱熹为正统，这种自由恋爱的思想被视为邪端异说。要是让妇女看到这些戏目，不就会使她们学到这种"坏思想"吗？在这种情势下，许多士大夫提出要禁止妇女看戏，认为女性看戏是绝对不可以接受的一件事，并为此提出不少论据。例如明人张采在《太仓州志》中说道:"集优人演剧,曰扮台戏。其害,男女纷杂,方三四里多淫奔。"明代陈龙正的《几亭全书》卷二十二中有对家人的禁令,排列第一位就是禁止演戏:"家中不用优人。优人演戏,无非淫媟,岂可令妇人童稚见之。"

及至清代,这种对于女性观戏的禁令上升至官方层面。清初人石成金《新示杂抄》中有康熙五十六年(一七一七年)的"藩宪岁暮劝谕民事十二款告示",其中写道:

> 妇人女子,无论大家小户,皆当不出闺门。设或宁亲望女,犹云事非得已。若夫新年看迎春,看灯棚,看台戏,以及僧房道院,到处嬉游,竟与男子摩肩接踵,岂但无礼,亦不雅观。

藩宪,即是清代的布政使,负责管理一省的民政事宜。由当时的藩宪下令禁止妇女看戏,可见官方对于女性观戏也有抵制。甚至有官员直接上疏皇帝,康熙年间江苏巡抚汤斌上奏《毁淫祠以正人心疏》,其中一条理由是:"妇女好为冶游之习,靓妆艳服,连袂僧院,或群聚寺观,裸身燃臂,亏体诲淫。"妇女看戏时稍做打扮,在他们眼中也是伤风败俗的事情,不能不禁啊!

当时戏剧在民间更为流行,逢年过节的时候都有戏班到处演出。演出场地既有寺庙、广场,也出现了商业剧场,这使得民众更加容易接触到戏剧。同时这些戏目往往用字简单,不论男女,耳濡目染,都能轻易模仿乃至互相传习,一人唱出往往街知巷闻。戏剧的广泛传播，使得"有识之士"更加担心道德败坏。清道光间河南辉县知县周际华曾颁布《禁夜戏淫词示》，当中说道："开场作剧，无非谑语狂言，或逞妖艳之情，或传邪僻之态，说真道假，顿起私心，风俗之浇，皆因乎此。"

出外看戏不可以，于是就有不少大户人家会请戏班来到家中表演，这样总不会使得男女淫奔了吧？可是连这样也有人批评，清代温序的《病余掌记》中写道："余尝见人家延宾演剧，妇女垂帘坐看，罗袜弓鞋隐隐露于屏下，浓妆艳服，嬉嬉立于帘前，指坐客以品评，聆歌声而击节，座中浪子，魂已先销，场上优人，目尝不转，丑之至矣。"隔着屏障，女子随着戏乐打起拍子，场上男子就会看得目不转睛。因为女子看戏而发生这种丑态毕露的事，让这群卫道之士又开始口诛笔伐。

同时不少士大夫也千方百计谈论看戏的危害。例如清代李仲麟在《愿体集》中是这样形容的："淫词小说，多演男女之秽迹，敷为才子佳人，以淫奔无耻为逸韵，以私情苟合为风流。"又如清代石成金《传家宝集》中说"戏乃是妖冶之态，淫滥之有，习见习闻，令人渐渐惑乱"，要是妇女看戏，定会使得"邪心暗动，以致出乖露丑，败坏门风"。清代余治《得一录》卷十一收录了当时士大夫们对于观戏的批评，对于女性不许看戏的评论各式各样。说得好像看一出戏就会使得心神未定的人犯下淫罪，严重的更会导致贞女失贞，甚至家破人亡。

这些论述看似荒唐，但实际上当时有不少有识之士都是这样认为的。他们非常抗拒女性观戏，不但有不同的论述强调观戏之弊,后来更推出了不少措施阻止女性看戏。官方以及地方士绅就有不少的禁令,对于戏曲演出的地点、演出的内容加以管制。

以京城为例,当时城内的寺庙每当各种节日,就会有迎神、游神的节目,紧接着就是上演宗教性戏剧。甚至为吸引民众参与,会在宗教剧之间插入俗戏,名为娱神,实为娱人。乾隆二十七年(一七六二年)就颁令禁止妇女进入寺庙观看僧尼开场演剧,"寺庙僧尼,开场演剧,男女概得出资随附,号曰赛会。败俗酿弊,所关匪细。倘有设为善会,煽聚妇女者,立将该庙为首僧尼,查拏治罪"。嘉庆、同治年间都有类似禁令,要求寺庙禁止妇女进内看戏,否则会治罪。

此外对于演出内容也有很多管制,戏剧有很多才子佳人的故事,在士大夫的眼中,这些剧目不应让妇女接触。但始终没有办法真的禁止妇女远离剧场,所以就改为限制剧场上演的剧目。像是《西厢记》《牡丹亭》这类写男女情爱甚至幽会私奔的爱情剧,成了禁止上演的剧目。因为他们认为这类的剧目容易引动妇女的春思,使她们动了淫奔的念头。就像清末的余治,虽然他也是剧作家,但他也说道:"宾僚宴会,弗点淫戏,免使年少士女,荡心失魂","甚或闺女看之而动情,孀妇看之而失节,人何苦以一时之意兴,造此无穷罪孽哉"。

国学大师王利器的《元明清三代禁毁小说戏曲史料》中收罗了这三代中对于戏曲、小说的禁令,虽然有不少的禁令是针对这些作品内容提出的,但是也有不少禁令很多是针对女性而提出。上文所提及的一些禁止女性看戏的内容今天看来十分荒谬,看戏会导致女性春心动，又会使得在场男子邪僻之态丛生。基于以上种种原因，就要避免女性看戏。但其实古代大部分时候都是男性去看剧，败坏风德很多时候亦由男子而起，却将观戏的禁令集中针对女性，反而指是女性观戏导致"淫风流行"，实在奇怪。

　　禁令陆续推行了三代，及至清朝覆亡才结束。虽然在此之后亦有少数固执的人觉得女性实在不应该看戏，不过到了民国初年，大家就觉得，女性观戏，有何不可。这也让我们庆幸生在现代，不然那么多看电影约会的男男女女，该何去何从呢？

离婚不管古今都是难题!

> "七出之条"相当知名,每每说起古代的离婚都会想起这规条,觉得男方只要提出"七出之条"就能离婚。但是在古代,结婚可谓人生中最重要的事情,离婚与之比起来恐怕只有更慎重而无不及。

大家看电视剧时经常看到丈夫休妻时会说:"你犯了七出之条!"所谓"七出之条"就是"不顺父母、无子、淫、妒、有恶疾、多言、窃盗"。很多人以为只要妻子触犯了以上的任何一条,丈夫就有权利宣布离婚。不过这只是电视剧的幻想,古代离婚真不是这么简单。

先说"七出之条",最早的记载见于东汉《大戴礼记·本命》。当中有记载"七去":"妇有七去:不顺父母去,无子去,淫去,妒去,有恶疾去,多言去,窃盗去。"《孔子家语·本命解》亦有类似的文句①,不过将"七去"改为"七出",这就是

---

① 《孔子家语·本命解》:"孔子遂言曰:'……七出者:不顺父母者,无子者,淫僻者,嫉妒者,恶疾者,多口舌者,窃盗者。三不去者:谓有所取而无所归一也,与共更三年之丧二也,先贫贱后富贵三也。'"

"七出之条"说法的来源。这些著作都表明了，这些离婚指引早在汉代就已出现。但是以上这些典籍只是儒家典籍，尚不是正式的法律，七出之条被正式列入法律是唐朝的事。唐代的法律，承继了汉代"七出之条"的观念，《唐律》中写道："七出者，依令：'一无子，二淫泆，三不事舅姑，四口舌，五盗窃，六妒忌，七恶疾。'"但是翻阅《唐律》这本唐朝法律典籍，会发现原来"七出之条"只是离婚当中很小的一部分因由。仅是"七出之条"的使用就已经有很多规范，还有很多强制离婚的情形，甚至连和平离婚都写在法律当中。

先看看《唐律》中一条有关离婚的法律，就知道当时离婚不是一件容易的事情："诸妻无七出及义绝之状而出之者，徒一年半；虽犯七出，有三不去而出之者，杖一百，追还合。若犯恶疾及奸者，不用此律。"

首先是"诸妻无七出及义绝之状而出之者，徒一年半"，就是说丈夫引用"七出之条"时，必须能够提出确实的情况，否则就要被判服劳役一年半。所以不要认为七出之条只是男方单方面提出就能成立，要是夫妻双方对簿公堂，男方是要出示真凭实据的。同时"七出之条"当中，最常听到的可能是"无子"，故此《唐律疏议》也有专门说明："即是四十九以下无子，未合出之。"即便四十九岁没有儿子，丈夫也不能以此作为休妻的理由，所以无子一条也不是丈夫说了算。

其次就是"三不去"，三不去在汉代已经有雏形，唐代正式写入法律。所谓三不去就是"一，经持舅姑之丧；二，娶时贱后贵；三，有所受无所归"，也就是说操持过丈夫至亲的丧事，不能被休；结婚时男方贫贱后来富贵，不能被休；妻子娘家无亲没有归处，不能被休。要是妻子符合三不去，但男方提出离婚，男方可是要被杖责一百，并且离婚被判定为无效。但"三不去"也有其豁免的情况，那就是"若犯恶疾及奸者，不用此律"。如果女方是与人通奸或者身患麻风之类的不治之症，男方有权提出离婚而不受"三不去"的限制。

在"七出之条"之外，还有强制离婚的条律，那就是"义绝"。今天说恩断义绝表示夫妻之间的感情破裂，其实在古代，"义绝"牵涉到两个家族。《唐律》中所谓的义绝是指两个家族之间有伤害对方亲属的情况。① 古人认为婚姻是两个家族之间的事情，如果出现了亲属之间互相伤害的情况，无论男女双方有多么相爱，婚姻也不可能延续下去。故此《唐律》中写道，"诸犯义绝者离之，违者，徒一年"。就是如果出现了义绝的情况还不离婚，就要坐牢一年。

以上仅仅是一小部分关于离婚的法律，《唐律疏议》中的卷十四全是关于各种婚姻情况的处理，例如妻子在守寡时被逼婚，娶了逃亡妇女为妻妾，不听从父母的安排，等等。当中违反了当中的条例，官府完全有权叫你离婚或者叫你不要离婚。唐代的婚

---

① 《唐律疏议》："义绝，谓'殴妻之祖父母、父母及杀妻外祖父母、伯叔父母、兄弟、姑、姊妹，若夫妻祖父母、父母、外祖父母、伯叔父母、兄弟、姑、姊妹自相杀及妻殴詈夫之祖父母、父母，杀伤夫外祖父母、伯叔父母、兄弟、姑、姊妹及与夫之缌麻以上亲、若妻母奸及欲害夫者，虽会赦，皆为义绝'。"

姻法影响后代至深，宋、明、清三代的婚姻法都离不开《唐律》，"七出之条"只是当中小的一部分。

而古代离婚除了违反婚姻法之外，也有因情意不合的和平分手，那就是"和离"。《史记·管晏列传》就记载了一个很有趣的故事："晏子为齐相，出，其御之妻从门间而窥其夫。其夫为相御，拥大盖，策驷马，意气扬扬甚自得也。既而归，其妻请去。"故事大概是说晏子的车夫自以为帮晏子驾车很威风，但他的妻子觉得他不上进，于是请求离婚。最后有没有离婚故事并没有记载，但故事让我们发现古代提出离婚，绝不是男性独有的权利。若两人觉得情意不合，其实可以和平离婚。这种"和离"制度，也是中国古代离婚制度中重要的一环。

最早可以看到"和离"端倪的，就是《周礼·地官司徒·媒氏》："凡娶判妻入子者，皆书之。"宋代郑锷注曰："民有夫妻反目，至于仳离，已判而去，书之于版，记其离合之由也。"也就是当时夫妻是可以双方协议离婚，之后只需要向官府登记离婚的原因就可以了。及至汉代，也有女性提出离婚的记载。《汉书·张耳传》就记载："外黄富人女甚美，庸奴其夫，亡邸父客。父客谓曰：'必欲求贤夫，从张耳。'女听，为请决，嫁之。"也就是张耳的妻子是因为看不起她本来的丈夫，决定离婚，再嫁予张耳。也有父亲劝女儿改嫁的，《后汉书·列女传》："吴许升妻者，吕氏之女也，字荣。升少为博徒，不理操行，……荣父积忿疾升，乃呼荣欲改嫁之。"这些小故事都可看出女性是可以提出离婚的。

而在唐代,"和离"正式列入法律。《唐律·户婚》:"若夫妻不相安谐而和离者,不坐。"定明夫妻之间若情意不再,相处不合,是可以和平离婚的,双方都不会受到任何惩罚。《唐律疏议》中进一步说明:"'若夫妻不相安谐',谓彼此情不相得,两愿离者,不坐。"这种和平分手强调两厢情愿,只要夫妻两人同意就能够分开,不受其他人的限制。宋朝、元朝、清朝的婚姻法中,都保留了和离的条文。不过在古代,离婚始终不是一件光彩的事,"和离"也有了一些限制。比如在宋代,皇家宗室夫妇是不可以轻言离婚的。《宋史·礼志》有载:"宗室离婚,委宗正司审察,若于律有可出之实或不相安,方听。"就是说宋代宗室想离婚,必须经过审核的,确认了离婚理由成立,方会批准,并且皇上会收回曾经赐予的贺礼。

这种自愿离婚到底常不常见,难以得知。因为和离不需要经过官府的判决,相关的记载比较少。《太平广记·谬误·李昵》中记载:"逢年妻,中丞郑昉之女也,情志不合,去之。"属于《唐律》所言的夫妻"情不相得"的典型。离婚由男方提出,最后也顺利离婚了。

不过夫妻若是协议"和离",也需要一些文件证实夫妻关系的结束。敦煌出土的唐代书文,就发现了一些相关的文件,是当时用以证明两人之间的"和离"的。这些文件多称作"放妻手书",亦即由丈夫所写。现摘录一段"放妻手书",可见当时夫妻即便离婚,但彼此还是互相尊重的:"既以二心不同,难归一意。快会及诸亲,各还本道。愿妻娘子相离之后,重梳蝉鬓,美扫蛾眉，巧逞窈窕之姿，选聘高官之主，弄影庭前，美效琴瑟合韵之态。解怨释结，更莫相憎；一别两宽，各生欢喜。"

确实在古代婚姻当中，男性拥有的权利大于女性。但是也不能认为离婚这一件事男性就有着绝对的主导权，历来离婚都不是一件容易的事情。翻阅《唐律》当中的《户婚》，关于离婚的法律满满一卷，但是这到底是一种规范还是对于离婚的限制？恐怕是后者居多，试想就连运用一条"七出之条"都有如此多的限制，稍不注意就会受到刑罚，大家还会轻易离婚吗？其实相比起这些写在纸上的规条，古代的婚姻更多是基于道德对人的约束。离婚不但是两人之间的事情，更是影响家族声誉的大问题。不论"七出三不去"，或者其他的法律，都只是最后的手段。早在对簿公堂之前，双方的父母、亲属、宗族早已出面介入夫妻之间的问题。要想离婚，恐怕远比我们想象中的难。

历代女名医的传奇历史

> 电视剧《明妃传》很受欢迎，故事的原型就是基于明代著名女医谈允贤。古代的医生很多，但是女医生就很少，有名的女医生就更少了。难道古代社会不需要女医生吗？

中国古代医学十分发达，历史上也出现过很多有名的医生。但比较有名的女医生却很少，少数在历史上留名的女名医，只有西汉的义妁和淳于衍、晋朝的鲍姑、明代的谈允贤等。让人不禁好奇，古代女医真的那么少吗？让我们顺着历史的脉络去找答案。

其实古代很早就有专门的医生官职，《周礼·天官·冢宰》中就有记载不同种类的医生，当中包括医师、食医、疾医、疡医，乃至兽医，等等。当时这些医生中有没有女性，暂无文献可考，有记录的女医事迹则是从汉代开始。汉代已经有女医专职负责宫中妇女的医疗，包括日常的诊症以及生产。《汉书》中就记载了当时的一位女名医义妁："纵有姊妁，以医幸王太后。"这位义妁因为医术精深，被召唤进皇宫服侍王太后。王太后甚至因为她的医术，赐予她弟弟官职①。同一时期也有另一位女名医淳于衍，善于接生，专为宫中的人接生，她的丈夫也因此被封为掖庭户卫。②汉代可谓女医萌芽的时期，有名的女医不但自身得到皇室的重用，同时也会令家人连带享受荣华富贵。

两晋时期亦有女医，当时的女医多与道术有关。因为两晋时期上层社会都喜好研究道学，亦将道学与医学相结合。譬如晋代的鲍姑，就是一位有名的女医。她医术精湛尤其精通灸法，被誉为"鲍仙姑"，当时的民众在越秀山建了"鲍姑祠"以作纪念。鲍姑之所以医术精湛，与其家庭背景不无关系。她的父亲是南海太守鲍靓，丈夫为医家葛洪，两位都是当时的名医。鲍靓是当时的一位精通谶纬之学、炼丹术的大家。葛洪则是两晋时期最为有名的医家，其著作《肘后备急方》是中医方剂学名著。由于家庭环境的熏陶培养，鲍姑也是当时的名医。嫁给葛洪后，她经常和葛洪共同行医，葛洪的《肘后备急方》中有许多灸术疗法，也与鲍姑有关。及至唐代，官府创立了专门的培训女医生的制度，天一阁藏明抄本《天圣令》就是记录唐宋两代官府规令的文件，当中的《医疾令》提到：

> 诸女医，取官户婢，年二十以上三十以下、无夫及无男女，性识慧了者五十人，别所安置，内给事四人，并监门守

---

① 《史记·酷吏列传》："王太后问：'有子、兄弟为官者乎？'姊曰：'有弟无行，不可。'太后乃告上，拜义姁弟纵为中郎，补上党郡中令。"
② 《汉书·外戚传》："女医淳于衍者，霍氏所爱，尝入宫侍皇后疾。衍夫赏为掖庭户卫，谓衍'可过辞霍夫人行，为我求安池监'。"

当。医博士教之以安胎、产难,及疮肿、伤折、针灸之法,皆案文口授。每季女医之内业成者试之,年终医监、正试。限五年成。

从中可见唐代官府的女医是如何挑选、如何培训的。当时的女医主要是通过太医署中的医博士口授行医,每年都会有考试,需要在五年之内完成课程的学习。因为当时女性受教育的比例很低,没有足够的能力读懂医经医方,所以就会由医博士通过口授的方式,教导她们医术。当然教授的主要方向就是接生,因为在接生过程中不便由男性医生参与,女医的存在甚为重要。唐代的系统化训练,保证了女医者的供应,同时也促进了女性参与到正式的医疗系统当中。正是这种有系统的训练,使唐代也出现了一些有能力的女医生。唐代女医胡愔撰有《黄庭内景图》《黄庭外景图》两卷,还有《补泻内景图》三卷,现今尚有《黄庭内景五脏六腑补泻图》一卷存世。

从唐代的女医培训系统来看,古代也应该有很多女医。但事实却不是这样,全因自宋代开始的医学发展使女性面对很大的障碍。从宋代开始,医学强调与儒家结合。《宋会要辑稿·崇儒》中记录了当时朝廷大臣对于医学以及儒学的看法:"伏观朝廷兴建医学,教养士类,使习儒术者通《黄》《素》,明诊疗,而施于疾病,谓之儒医,甚大惠也。"当时普遍认为医学与儒学应当相结合,不少大儒也是精通医学的人,甚至以不通医学为耻。宋徽宗还颁诏将医学归并于最高学府国子监之下,并且按照等级任命官员，使得医生亦如士子一般有明确的升官渠道。"医而优则仕"，使得医生成为儒学体系的一部分。

同时医学与儒家的结合，也使得当时的医学强调讲述"医理"。正如近代的中医名家谢观所言："唐以前之医家所重者，术而已，虽亦言理，理实非其所重也。宋以后医家乃以术为不足恃，而必推求其理，此自宋以后医家之长。"也就是仅靠一些医技治疗病人并不足够，更重要的是背后的"理"。但这偏偏是女性所短，古代女性的文化水平有限，难以系统讲述医理，这使得女医相对失色。

宋代典籍中记载的女医多是依靠实践而累积的医技，诸如按摩、针灸等。宋代洪迈《夷坚志》中记载了一位懂按摩的会稽萧山民女武元照，能用按摩治疗顽疾①；江休复的《江邻几杂志》记录了一位"灯焰烧指，针疗诸疾，多效于用针者"的巫医张氏。以上的记载或多或少都有传说性质，但当中的女医都是依靠一些医技来治疗疾病。这就与当时主流强调医理的医学系统有很大差异。从宋代开始起，女医的发展就受到了阻碍。

及至金元两代，医生的地位更加提高。元代将人分为十等，医生位居第五，仅次于官、吏、僧、道，医生更可以免除徭役差遣。医生的地位提高，选拔医生的准则亦有所提高，政府规定考生需出身医户或者药铺行医人家，通过初步考核方能进太医署学

---

① 《夷坚志·夷坚丁志卷第十四十二事》："武真人，名元照，会稽萧山民女也……照为按摩，觉腰间如火热，又摩其髀亦热，拂拂有气从足指中出，登时履地，厥疾遂瘳。"

习。同时要求医学生精通儒家经典,否则就不能通过考核。金元两代中医取得了很多重要成就,比如刘完素提出的火热论、李杲的脾胃论、朱震亨的相火论等一系列研究五脏六腑运作原理的中医理论。又在针灸、跌打、食疗方面有新的创见。但由于医生选拔制度的严格,很大程度压制了女性行医的可能性。

直到明代,朝廷推动世袭制。各行业都强调子袭父业,太医院的医学生一般从医户子弟中选拔。这种世袭制度使得各行业的技艺能够稳定传承,同时也给予了女医发挥的空间。因为女子若是出身于医学世家,亦有机会行医济世。就像大家熟悉的明代女医谈允贤,就是因为出身医学世家,才能成为一代名医。根据《女医杂言》中的自序,谈允贤的祖父曾任南京刑部郎中,是当地的名医;祖母也对医药十分精通。谈允贤在祖父母的指导下熟读《内经》《脉经》等医学书籍,也累积了一定的诊症经验。而出身自医学世家的女医,在论述医理上不再成为弱点。谈允贤的《女医杂言》中仔细记录了诊症的病例、治疗的方法以及她的见解,这种论述使得女医行医不再只是经验的累积,也是一套成系统的治疗手法。特别是女医在妇科、儿科方面有更多的病例,令女医显得更为重要。

清代行医亦讲求世袭,太医院中的学生来源主要是医官子弟。他们必须学习《内经》等经典著作,亦会强调各个专科。当时就出现了不少的女医,她们往往精通医理,亦会留有著作,较之前代更为专门。例如清代女医王恒其,为儒医王珠长女,著有《女科纂要》三卷。清代女医家顾德华擅长内、妇科,著有《花韵楼医案》一卷。清代女医的数量远较前代为多，同时也有更多的医学著作面世，这也让女医的地位大大提升。

中国历史上，女医的发展一直较为落后，没有形成一套完整的制度。在强调医理的趋势下，依靠临床经验治病的女医们，也不为主流医学所重视。但这些历史的背景和环境的限制，并不能完全掩盖这些女医的智慧与才华，像是鲍姑、谈允贤、王恒其、顾德华等女医，就说明了只要能有机会，她们就能发挥所长，在历史的霭霭重雾中绽放其光芒。

第4章

说文解字,马上增进你的语文能力

"六根"怎么清净?大江只能分南北?面有菜色是因为吃太多青菜了?日常生活中常运用到许多成语,但你可知道这些成语除了它的寓意,背后还藏着深刻的历史文化意义?

"六根清净"要怎么洗才干净?

"六根清净"我们常常挂在嘴边,很多人以为六根清净就好像是指世界很安静。但是这个成语背后到底有什么来历呢?

今天我们常常会用到"六根清净"这个成语,但如果问大家这个成语背后有何含义,就很少有人能够说出来。其实这原本是个佛教用语,翻查《成语典》(编者注:台湾所编),其解释是断绝尘世间的一切欲念,并且有进一步的引典:"谓眼、耳、鼻、舌、身、意六种感官,都可以看、听一切和得到一切愉快的觉受。《妙法莲华经·卷六》:'即得如上眼根清净;耳、鼻、舌、身、意根清净,得是六根清净已。'"虽然好像解释得很详细,但看过以后还是不明所以,六根要怎么清净?拿水冲洗干净吗?

其实要理解这个成语,就要知道佛教如何理解我们感知世界的方式。佛家认为要感知这个世界需要三个方面的配合,那就是六尘、六根、六识。六尘就是"色尘、声尘、香尘、味尘、触尘、法尘等六境",是指这个世界客观的存在,像是光、气味、声音之类。六根指的是六种感觉器官及其能力,当中包括"眼根、耳根、鼻根、舌根、身根、意根"。如眼根即是视觉器官以及视觉能力，耳根就是指听觉器官及其能力。六根就是指我们的感官，是我们接触世界的途径。而六识就是指"眼识、耳识、鼻识、舌识、身识、意识"，我们感官的认识作用，就是眼睛能够看到事物，耳朵能够听见声音，这种"看到""听见"的作用就是我们的六识。

六尘、六根、六识三类缺少任何一环，其他两类也就失去了作用。我们能够看见、能够听见，既是因为我们有着各种感官，另外也是因为外界有信号让我们的感官接收。有了光、气味等事物，我们的感官才能有所感知，这也是六根和六尘的互动。但是感官接收到信号还不足够，我们还要依托六识去认识我们所接收的信号，这样我们才能看见影像、听见声音。就像是用我们的大脑来处理外界的信号，让它们转化为有意义的信息。故此佛教会合称六尘、六根、六识为十八界，这十八界的三大类并存，互相为用。

既然六识、六根、六尘同样重要，为什么只说六根清净，而非六识清净呢？确实，一个人作善作恶，很大程度是出于大脑的主导。但是佛家认为促成善恶的因由，却在于六根。一直以来，我们的感官都会贪图美好的事物，我们会想吃好吃的食物，听好听的音乐，欣赏美好的东西。这是与生俱来的追求，但也是我们痛苦的根源。人之所以沉沦在生死轮回的苦海之中，就是因为我们的六根都会有所贪图。这种贪图就是佛教所谓的三毒"贪、嗔、痴"中的"贪"，正是造成我们诸多罪恶的因由之一。我们的各种感官都会有不同的追求，为了满足自己的欲望，我们就需要更多物质。这种贪欲如果不加以制止，就会把我们扯进无底深渊，难得安宁。

这样说来，六根对于美好事物的贪图似乎是导致罪恶的根源之一，那我们该如何避免呢？佛教认为只有秉持戒律，六根才能渐渐地排除物欲。身为一个凡夫俗子，很难没有妄想。只有遵守良好的生活习惯与道德守则，才能断恶修善，弃绝无谓的追求。要做到这点，需要从身心的两方面着手。一是修心，减少无谓的欲求及贪欲；一是修身，改掉不好的习惯与行为，在生活中择善而从。

不过即便是这样，也仅仅是尝试抵御六根的贪欲对我们的影响。现在有很多人会觉得大凡出家之人，皆是六根清净。或是不贪钱财、不好男女之色就是六根清净。然而佛教认为凡是追逐物质的受用都是六根不净，还想吃好吃的？这也是六根不净的一种。说得明白一些，所谓六根清净是指我们能排除不同方面的物欲，不论是视、听、嗅、吃、穿，都不做无谓的贪取，进而保持心的净洁，这样才是所谓的六根清净。这绝不是等闲的功夫所能办到的事，而是佛教追求的一种极致境界。

知道何为六根清净后，有另一个成语也与此有很大关系。那就是一尘不染。据《佛教大辞典》所说："佛教称色、声、香、味、触、法六者为六根之尘，而眼、耳、鼻、舌、身、意等六种根识若皆清净无垢，称为一尘不染。后世援用此一佛家语，转以形容东西之洁净、行为境地之清净、为官之清廉等。"一尘不染也是形容六根排除物欲的境界，六根能够不受六尘所影响，这就是一尘不染。

以上两个佛教用语在生活中常常出现，大家往往觉得不明所以，其实是因为我们不知道它们本来的出处。其实不单是六根清净和一尘不染，生活中有不少用语都是由佛教用语演变而来的。像是现在通行的"世界"一词乃是由梵语翻译而来。梵语本作 loka-dhatu。梵文的 loka 被翻译成"世"，而 dhatu 被翻译成"界"，并组合成"世界"之意。佛教《楞严经》云："阿难云何名为众生世界，世为迁流，界为方位。汝今当知，东、西、南、北、东南、西南、东北、西北、上、下为界，过去、未来、现在为世。"现在"世界"一词泛指自然界和人类社会的一切事物的总和。自佛教于魏晋时期传入中国，成为中国最重要的宗教之一，佛教对于中国文化的影响十分深远。在魏晋至隋唐，来源于佛教的梵语系统词语被汉语大规模吸收。不少用语已经深入汉语的文化系统当中，使得我们没法辨识出它们本来的来源。当宗教已经融入文化之中，也许这才是最厉害的传教方式，其实你我都受到了佛法的洗礼，只是不自知而已。

东西南北中的五行阴阳术

> 方位是我们生活中很基本的观念，形容一个地方在哪里，或者研究怎么去一个场所都会用上不同的方位词。但不要以为古人只会东南西北、前后左右，他们有很多方式表达方位。

大家会哪些表达方位的词语？东南西北？前后左右？确实这两组词语已经足以应对我们生活中描述方位的需求。但是汉语博大精深，又怎么会只有这么少的方式来表示方位呢？当方位结合五行、灵兽，乃至阴阳，都会产生出新的方式表达方位。

先说五行，"五行"二字始见于《尚书·洪范》："五行，一曰水、二曰火、三曰木、四曰金、五曰土。"直到战国晚期邹衍提出了五行相克相生的思想，五行成为中国最重要的思想。在汉代，五行之说更加普遍，五行与地理方位组成了配合关系，人们开始用五行表示地理方位。董仲舒《春秋繁露·五行之义》曰："木居左，金居右，火居前，水居后，土居中央。"

由于五行和很多事物都有联系，所以也有很多事物都联系上方位一说。像是四季，在古代春夏秋冬四季也被纳入五行体系，故与东西南北地理方位一一对应。同样是《春秋繁露》中又说道："是故木居东方而主春气，火居南方而主夏气，金居西方而主秋气，水居北方而主冬气。"像是太子所居住的东宫，其实也可以称作"春宫"。北周王褒《皇太子箴》中的"秋坊通梦，春宫养德"就是此意。

更进一步地，颜色也与方位有关。《论衡·验符》说："黄为土色，位在中央。"五行各自有配对的颜色，所以颜色也是表示方位的一种。像是现在北京中山公园中的明代所建的社稷坛，最上层铺着五种颜色的土壤，分别是东方青色、南方红色、西方白色、北方黑色、中央黄色。这正是颜色与方位关系的一个反映。

除了以上几种事物都是和五行有关，另外还有一种事物也与方位有关联，那就是古代四大神兽。四大神兽分别是青龙、朱雀、白虎、玄武，各自占据天空一方。古人把"二十八宿"分为四组，叫作东方青龙、南方朱雀、西方白虎、北方玄武。这样，四神兽又被称为"四方四神"，用来表示地理方位。班固的《白虎通义》云："左青龙、右白虎、前朱雀、后玄武。"因为古人以面向南方为尊，故此四方神兽也可以套以前后左右，得出"左青龙、右白虎、前朱雀、后玄武"。而古代有很多城门、街道、桥梁等都会用四神兽来命名。像玄武门是在宫城之北；刘禹锡口中"朱雀桥边野草花，乌衣巷口夕阳斜"的朱雀桥则在宫城之南。

不过最厉害的还是这个，用阴阳表示方位。此处的阴阳并不是阴阳学的阴阳。而是日光的照向。向日为阳，背日为阴，但为何会和方位扯上关系呢？《说文》解释："阴，暗也；水之南，山之北也。"李吉甫《元和郡县志》又进一步明确指出："山南曰阳，山北曰阴；水北曰阳，水南曰阴。"因为中国地处北半球，而山脉的走向多是从西到东，所以当受到日照时南坡受光，北坡背光。但是河流就有点不一样，虽然中国很多河流的流向都是从西到东，不过河流低于地面，所以反而南岸背光，北岸受光。特别是在黄土高原，河道的南北两岸的光线相差很远。这种"向日为阳，背日为阴"的地理现象，成为中国古代地名的一大来源。像是衡阳就是在衡山之南，蒙阴就是在蒙山之北。诸如洛阳、沈阳、江阴、淮阴等地名都是以它们所在的地理环境而命名的。而最为特殊的就是咸阳，咸阳地处九嵕山之南，渭河之北，山水俱阳，故名咸阳。

古人对于方位确实有很多表达的方法，以上所提的只是当中的一部分。例如八卦、数字都能够用以表示方位。所以不要以为古人就只有东南西北可用呢。

吃太多青菜所以面有菜色？

蔬菜，大家都知道什么意思。但什么是蔬，什么是菜呢？这个问题好像很简单，两者都是代表同一个意思。可是为什么我们会说面有菜色，而不会说面有蔬色呢？

今天我们"蔬菜"并称，大家都觉得"蔬菜"所指的都是同样的东西，但这两个字还是有差异的。先说什么是菜。《说文解字》中说道："菜，艸之可食者。"最初的菜统指所有可以食用的野菜，这是古时平民最常食用的食物。由于先秦时期农民多是种植谷稻这一类的农作物，并没有种植蔬菜的做法，食用的蔬菜都是从野外采集回来的，所以"菜"一词专指野菜。当时的平民主要是以谷稻以及菜作为食物，如《国语·楚语下》所言"士食鱼炙，祀以特牲；庶人食菜，祀以鱼"，鱼、肉这一类的食物是在祭祀时才有机会吃到的。

但是谷稻这类的农作物很受天时影响，要是遇上旱灾、水灾很容易失收。这时候民众的主要粮食来源就会是野菜，面有"菜色"就是指长期食用野菜导致营养不良的样子。而古代十分强调对于灾害的防备，认为丰年时积蓄足够的粮食，荒年期间就能安然度过。《荀子·富国》中说道："故禹十年水，汤七年旱，而天下无菜色者，十年之后，年谷复孰，而陈积有余。"十年的灾害过后，天下都没有营养不良的人，这才是真正的圣主。

既然菜是指所有可以食用的野菜，那"蔬"这个字又是从何而来的呢？有人认为出于《孟子·万章下》的"虽疏食菜羹，未尝不饱"，疏食是指粗食，后来引申为食物只有蔬菜之意，成为了今天"蔬菜"一词。这种解读其实并不正确，"蔬"一字乃是汉魏时期的新造字，因为当时出现了人工培植的蔬菜。"菜"本只是指野菜，出现了人工培育的菜，自然需要新的表达词汇。而"蔬，从艸，疏声"，是从"疏"引申出来的一个字。疏，除了表示疏通之外，还有开疏、分散之意。就如种植蔬菜，需要分门别类，条陈分畦。所以新造了一个"蔬"字，专门指代这种人工种植的蔬菜。

今天种植技术发达，一年四季都有不同的蔬菜提供。但是古代的蔬菜往往都是按季节提供。入冬以后，万物凋敝，蔬菜自然也不例外。当时不可能整个冬天也不吃蔬菜，于是古人最早的解决方式是制作腌菜。腌菜本称作"菹（葅）"，东汉刘熙《释名·释饮食》称："菹，阻也，生酿之，遂使阻于寒温之间，不得烂也。"腌菜本是古人冬天最主要的蔬菜来源，自周代起，皇室就设有专门负责腌制食品的人。但是整个冬天都吃腌菜，确实十分单调，同时口味也比不上新鲜蔬菜。所以汉代皇室就开始研究怎样才可以在冬天也吃上新鲜蔬菜，于是成为人工种植蔬菜的先驱。

《汉书·召信臣传》就记载了当时的皇室在冬天种植蔬菜一

事。当时每年冬天皇家都在"太官园"种植反季节蔬菜，开支很大。召信臣上奏建议皇室减少这种开支，当中记录了当时是怎样在冬天种植蔬菜的："太官园种冬生葱韭菜茹，覆以屋庑，昼夜然蕴火，待温气乃生，信臣以为此皆不时之物，有伤于人，不宜以奉供养，及它非法食物，悉奏罢，省费岁数千万。""蕴火"是指没有火焰的燃烧方法，这样做能够有效控制室温至适合蔬菜生长的环境。用这种方式，即便冬天也能吃到葱、韭菜之类的蔬菜。

《后汉书·皇后纪上》也记录了当时和熹皇后的一道诏书："凡供荐新味，多非其节，或郁养强孰，或穿掘萌芽，味无所至而夭折生长，岂所以顺时育物乎！"虽然诏书中对当时的人工种植十分反对，认为这些作物都是违背时节的，但是也反映了当时人工种植蔬菜已经十分发达，一年四季都能供应不同的蔬菜，所以才会"凡供荐新味，多非其节"。魏晋时期蔬菜的种植进一步发展，甚至已经有占地数十亩的菜园，南梁时期的《宋书》有载："柳元景多产业，居南岸有数十亩菜园。时有人求之，或留钱，元景曰'本立园自为供吃，岂求利耶？'"

今天我们的"蔬菜"一词，泛指所有能食用的植物。但其实这两个字在古代有所不同，"蔬"专指人工培植的蔬菜，"菜"本是指所有可以食用的野菜，后来也可以统指所有蔬菜。所以为什么说"面有菜色"，是因为古代的历史背景。如今，大家一年四季都能吃到新鲜蔬菜，这样的待遇其实是古代皇家级别的，我们可谓身在福中不知福呀！

古书没有标点符号怎么读?

> 有时候看到一些古代图书,上面密密麻麻都是字,好像古人读书不用标点似的。其实古代是有标点符号的,至于为什么不用,其实是古代读书人有意为之。

大家或许有这么一个印象,古代写书的人好像没有标点符号可用。翻开中国古代的典籍,密密麻麻都是字。现在的人要是捡到一本古代武学秘典,觉得自己练个几年就可以成为武学大师,谁知道一看,秘典上的句子到底是怎样断句的呢?确实,现在我们用的标点符号系统,乃是"五四"运动时期参照外国的标点符号系统发展起来的。但如果认为中国古代没有标点符号,这绝不正确。

从一些出土的文物中,会见到先秦时期的写书者已经开始有意识地运用标点符号。比如春秋时期的《侯马盟书》中会使用一条或者两条短线表示重复的文字,这就是原始标点的一种。战国时期出土的竹简帛书当中存在很多形式的标点符号,除了用以表示重复文字的单、双短横之外,还有点号、圆点符号、方块符号等。像是点号多表示语气停顿,圆点多是用以标识名词,还有方块符号用以表示章节划分。

及至汉代,相对于战国时期的诸多符号,标点符号的复杂度大大减低。当时的标点符号主要就是承载一个作用——标识句子停顿,《说文解字》中记载了两个当时常用的符号。其一是"、",《说文》中解释道"有所绝止,、而识之也",就是用以表示停顿、结束的位置。另一个就是"亅",《说文》是这样解释的:"钩识也。从反丨。"所谓的钩识就是表示读书停下来的位置。《史记·滑稽列传》中记载了东方朔向汉武帝呈上书籍,整整三千卷。汉武帝令两人每次拿着一卷"从上方读之,止,辄乙其处,读之二月乃尽"。"辄乙其处",就是用"亅"标识自己读到哪里。

当时标点符号的应用十分普及,因为汉代经学盛行,各家学者对于经典的章句划分都十分重视,在他们研究经典的时候会画上标点以做标识。正因为"、"和"亅"出现的频次甚多,成为当时书写系统的一部分,所以许慎才会将其列入《说文解字》当中。一些官方文件,也会加以标点,以清晰文件内容。像是二十世纪初在罗布泊、敦煌出土的汉代竹简,就发现当中的军方文书都会加以钩识符号。仅是以上两种符号似乎并不能满足书写所需,所以在唐朝标点符号就更多了。当中以"朱墨围"影响最大,"朱墨围"就是在文句停顿之处以朱墨画上圆圈。唐人刘蜕的《刘蜕集》卷三《文冢铭》中说当时的图书"有涂者、乙者,有注楷者,有覆背者,有朱墨围者"。朱墨围在宋元时代颇为流行,因为当时印刷术的发展,使得不同读物更加容易出版。不少面对大众的读物，像是小说、技术类书籍都有很大的市场。出版商为便利读者阅读，会在语气停顿上加一个圈以做标识。渐渐地，画圈表示句子完结成为惯例，像是明代《永乐大典》也用上了圆圈作为句子停顿的表示。这也是为何我们今天的句号会是一个圈的由来。

所以说古代书籍上没有标点确实不对，宋明时期流传的图书当中有不少有清晰的标点。一些典籍上的标点系统一点也不逊于现代汉语的标点符号，像是宋代的《尚书表注》，当中运用了圆圈、方块、半圆、三角等符号以标注句子中不同的成分。其实说古书不用标点符号，多是指经典文献。像是十三经、史书这类典籍，很少会运用标点。

因为古人认为读书最基本的一点就是在于句读之学[①]，句读就是对文章句子进行划分。《马氏文通》中说道："凡有起词、语词而辞意已全者曰句，未有者曰读。"如何正确划分章句，自先秦开始就是每一个学童入学的首要学习内容。《礼记·学记》中有"古之教者，家有塾，党有庠，术有序，国有学。比年入学，中年考校。一年视离经辨志"，韩愈《师说》中言"彼童子之师，授之书而习其句读者"，苏洵在《送石昌言使北行》中说"吾后渐长，亦稍知读书。学句读、属对、声律，未成而废"。由此可见，不同时代的学者都认为句读是学习的基本功。确实，断句只是读书中很小的一部分，句读无误并不代表能够完全了解经典的

---

① 句读，应读作"句逗"。古时"读""逗"相通。

意义。但是如果断句有误,那就一定是没有完全理解书中的词句。学会如何划分章句本身就是理解文意的一个训练,所以古人并不会给经典加上标点。他们认为如果连断句都没学会,那你还没有具备读经典的能力。

不过给古代的典籍断句,也不是想象中那么困难,经过训练大家也能看懂。像是诗词之类,往往有固定的格式,会有押韵,要断句并非很难。要是较长的文章也有很多办法帮助断句,其中一个很可靠的办法就是留意虚词的位置。早在南北朝时期,刘勰所写的《文心雕龙·章句》就谈到了文章中虚词常常出现的位置:"又诗人以'兮'字入于句限,《楚辞》用之,字出句外。寻兮字成句,乃语助余声。……至于'夫惟盖故'者,发端之首唱;'之而于以'者,乃札句之旧体;'乎哉矣也',亦送末之常科。"这些虚词在句子中的位置十分稳定,通过这些虚词往往就能断句。

要是句读做不好,就很容易闹出笑话,就像曾经有一本坊间的《资治通鉴》,其《梁纪》中就有这样一句话:"诸垒相次土崩,悉弃其器甲,争投水死者十余万,斩首亦如之。"什么叫"争投水死者十余万"?好像是有十几万人争先跳水而亡。其实这就是在当中漏了一个逗号,"诸垒相次土崩,悉弃其器甲,争投水,死者十余万,斩首亦如之"。只差一个逗号,当中的意思就相差很远了。原文意思是说战况大败,无力抵抗,士兵争相逃亡时甚至不惜跳水逃生。

古代句读是一门学问,不仅仅是"下雨天留客天留人不留"

或者"路不通行不得在此小便"之类的文字游戏。现代汉语通行的标点符号系统历史只有百余年,使用标点符号确实使我们的表意更加准确,减少歧义的产生,但是古代有标点却不使用,就是为了从小培养学童对于文意的把握,增强对字词的理解。只有真正的读书人,才能不用标点就能读通全书。所以说不是古代没有标点符号,只是读书人不用而已。

钟鼎文是人，是文章，还是……

> 大家知道什么是钟鼎文吗？本篇要谈的不是台湾诗人钟鼎文，而是古代的一种文字。大家比较熟悉的叫法可能是金文。但是为什么金文又叫作钟鼎文呢？

中国的汉字有几个发展阶段，甲骨文、金文、篆书、隶书、楷书，等等。其中金文的历史可谓十分悠久，始于商朝中期而盛于西周，是汉字早期形态之一。这种文字刻在青铜器上，铜在古代也可以叫作金，所以这种文字也叫作金文。目前发现最早的金文刻于河南辉县出土的祖辛卣上，估算年代为商朝中期。早期青铜器所刻写的金文往往只有一两个字，通常是表明氏族的称号。而且字的写法也十分象形，鱼字像一条鱼，虎字画一只虎。商代中期起，青铜器的铸造越发普遍，种类也大大增加，煮食器有鼎、鬲、甗、簋等；酒器有觚、斝、爵、角、卣、尊、壶等；兵器有戈、矛、钺、刀等。自西周始，金文更为普遍了，因为青铜器的铸造越来越发达，铸造出不少大型的青铜器，当时天子出巡、狩猎、发表讲话都会以金文记录下来。当时有不少青铜器上都刻有金文，可是为什么偏以"钟鼎"称之？

那就要说一说钟与鼎到底有多厉害了。先说钟，钟是古代大型金属打击乐器。《御定渊鉴类函》云："凡金为乐器有六，皆钟之类也：曰钟、曰镈、曰錞、曰镯、曰铙、曰铎。"钟的前身是商代的乐器"铙"，铙本是一种行军时期的敲击器，其作用是控制行军鼓的结束。铙的外形像是一个倒置的铃，下方有一执柄，使用时用槌敲击其边缘。由于不同大小的铙所敲击出的声音都有所不同，所以导致铙的表演形式有了变化，从倒置手持变为悬挂在架子上，亦即后来的钟。《说文解字》说道："钟，乐钟也。……从金，童声。古者垂作钟。"

如此看来，钟不过就是靠敲击的铃，特别在何处呢？其实在西周开始乐钟的铸造技术远较前代进步，设计出三种形制的青铜钟：甬钟、钮钟及镈。三种钟能够负责乐曲的不同部分。像是镈，通常较大，而且所发出的声音较悠长，所以通常用作烘托演奏气氛。但甬钟和钮钟就经过特别的设计，使其能够发出更多不同的音调。当时甬钟和钮钟都能敲出两个不同的音调，敲击钟的正面、两侧，声音会有所不同。为使声音更加清晰，钟面上加上了不少凸起的乳钉，称为"枚"。典型的钟表面会嵌有三十六个"枚"，经过设计的"枚"能够使敲钟时出现的泛音在半秒内迅速消失，避免敲钟时余音的互相干扰。而钟的内部有经过打磨的坑纹，是为"音脊"，通过"音脊"可以调节不同的钟发出的音调，使得两个钟之间的声音不会重叠。

由于能够演奏出的音调变化多端，钟在演奏中的重要性大大提升。整套的钟会按照大小排列，悬挂在钟架之上组成编钟。现在所发现的最大编钟，就是曾侯乙墓中出土的编钟。这一套编钟是楚惠王在得知曾侯乙过世后赠送的殉葬品，其中包括了钮钟十九件、甬钟四十五件、镈钟一件。整套编钟上以金文写了两千八百多字，用以描述敲击不同位置所能得到的音调。编钟作为当时演奏中的重要乐器，周人的祭祀、燕享、大射、军旅诸礼中，都会用到"金奏之乐"。由于一套编钟往往数以十计，同时也是当时上层社会常用的乐器，所以钟也成为了记载功绩的载具，《左传·襄公十九年》言"季武子以所得于齐之兵，作林钟，而铭鲁功焉"。

相对于钟，大家就十分熟悉鼎了。鼎可谓青铜器中的重器，是国家的权力象征。《左传·宣公三年》中说道："桀有昏德，鼎迁于商，载祀六百。商纣暴虐，鼎迁于周。"鼎就是一个国家的象征，殷商数次迁都，亦迁鼎数次，鼎可谓国之重器。鼎的前身是煮食器，远古时期还没有发明灶台，要加热食物十分困难。所以先民们就设计出有足的盛载器，底下可以加柴火烧煮。从出土文物来看，早在新石器时期就出现了陶鼎。作为平民的日常煮食器，陶鼎一直被广泛使用。直到青铜诞生，其传热性能比陶更佳，就被用来作为铸造鼎的材料了。但一个煮食器如何成为了国之重器？

商代的人好饮酒，所以礼器以酒器中的爵为尊。周代吸取商代因酗酒而灭亡的教训，严厉禁酒，祭祀改以食物为重，青铜食器自然就成为祭祀中重要的工具。由于青铜材料稀有，铸造复杂，需要耗费大量的人力物力，而鼎作为煮食器，器形比其他青铜器更大,用于祭祀显得更加隆重。《史记·孝武本纪》记载:"黄帝作宝鼎三,象天地人也。禹收九牧之金,铸九鼎,皆尝鬺烹上帝鬼神。"古人视鼎为象征天地人的器具,所以在祭祀时总会用到鼎。

伴随着祭祀而起的就是用鼎的礼制,青铜鼎在商周时期只有贵族才可以使用。及至周代,就有了更加严格的规定。《春秋公羊传·桓公二年》注疏中写道:"天子九鼎,诸侯七,卿大夫五,元士三也。"九鼎代表天下,只有天子方可以使用,而其他人就要按照身份用不同数量的鼎,绝不能僭越。同时国君也会通过赐鼎,以显示自己的权威。西周晚期的毛公鼎,是目前发现的刻有最多铭文的鼎,内有四百九十九字。其内容皆是宣传周王的善德天命、文治武功以及对臣下的恩宠和封赏。其实很多鼎都刻着长篇铭文,这也是西周青铜礼器的重要特点,铭文通常用颂扬祖德、刻记功烈、陈述周王赐命的主题来加强宗法观念,以巩固统治者在政治上的权威。

如此看来,钟、鼎两物是青铜器中最具代表性的器具,一者是礼器之首、一者是乐器之首,两者都是青铜器中的重器。而古人铸造青铜器时往往会刻上金文,钟鼎作为青铜器的代表,久而久之就以"钟鼎文"代称金文。

姓与氏不一样？古代名字大哉问

二〇一〇年出版的《中国姓氏大辞典》①，收录了由古至今可考的姓氏共两万三千八百一十三个，至今仍在使用的有七千余个。今天我们姓氏并称，但很少有人知道，其实秦汉之前姓、氏两者有别，两者所代表的意义和使用场景与后世有所不同。

"姓，人所生也。"姓这一个字本来的意思是后代，姓氏一直以来都是判别家族的方式，是辨识每一个人父系的标志。但是姓和氏曾经存在着很大的分别，《左传》《战国策》中对于当时的王公贵族多是称其氏不称姓，但对于女子又会多称其姓。这背后到底有什么奥妙呢？

最初姓代表着不同的部落，是作为对自己部落的一个统称，远在有文字记载的年代之前就已经出现。现代史家多认为姓早在母系社会时期已经出现，因为见于古书中古老的姓有很多带有女字，像是姬、姒、姜、嬴、姚、妫、姞、隗、妘，等等。

---

① 《中国姓氏大辞典》由中国科学院姓氏研究专家袁义达研究员和中华文化促进会副主席邱家儒共同编纂，二〇一〇年十月由江西人民出版社出版。

但是这些姓又是如何定下来的呢？多人认同的说法是基于部落最初聚居的水系之名，古时的部落通常会聚居于河流旁边，以水系作为自己部落的标识是十分合适的。像姜姓是炎帝的姓，姬姓是黄帝的姓，这都是因为当时他们所属的部落居住在以此为名的水系旁，《国语·晋语》有载："黄帝以姬水成，炎帝以姜水成。"

姓的数量在上古时期很少，因为即便一个大部落中有族人移居外地，为表明自己的出身，多数都会继续沿用本来的姓，所以这就导致远古时期姓的数量并不多。及至春秋时期，当时主要的姓总共不过二十多种[①]，多数由西周、殷商乃至远古时代相传而来。而很多文章会说上古有八大姓，分别是姜、姬、姚、嬴、姒、妘、妫、妊。但是这个说法并不太正确，譬如妊姓，只是记录在《国语·晋语》中："凡黄帝之子，二十五宗，其得姓者十四人为十二姓。姬、酉、祁、己、滕、箴、任、荀、僖、姞、儇、依是也。"又譬如妘姓就是祝融的后代，《潜夫论·志氏姓》："祝融之孙，分为八姓：己、秃、彭、姜、妘、曹、斯、牟。"这两个姓虽然见于史书，不过他们的后代并没有传承很久，所以远远称不上大姓。

但以上所提及的上古姓当中，姜、姬、姚、嬴、姒、妫比较重要，它们是上古大姓。其中，姜是炎帝的姓、姬是黄帝的姓、

[①] 有见于春秋时期史书中的姓主要有姬、姜、嬴、姒、妫、妘、姞、芈、熊、子、任、曹、己、风、曼、偃、隗、祁、归、漆、董。

姚和妫都是舜的姓，嬴是伯益的姓，而姒则是大禹的姓。这些姓的根源都可以追溯至古代圣王，或是古代圣人，可见其历史之悠久。同时这些姓也衍生出很多新的氏族。像是姬姓，在建立了周王朝后分封诸侯，当时就产生了五十三个新氏族。

而当时这几个姓中也分高低，习惯上会以"天下共主"的周王室姬姓为尊，进而将全国的姓分为"同姓"以及"异姓"。就像是晋文公会诸侯为践土之盟，当时所记载的诸侯名次为：晋、鲁、卫、蔡、郑、齐、宋、莒。前五国为姬姓，紧随着的是姜姓、子姓、己姓。这种排列顺序明显地表示了其与周天子的亲疏关系，与周天子关系越近，地位也越高。

姓的数量十分少，但是氏就不一样了。因为姓只是表示自己出身自哪个族系，数量自然不会很多。但正是因为数量少，如果仅仅用姓来表示身份就很容易混淆，所以就会用氏来强调自己是哪一个家族。由于氏是要分别家族的，要能凸显其家族的特征，所以氏就有很多的命名方式。就像黄帝，多数人都知道他是轩辕氏，但是因为他建立的国家地处"有熊"，所以他也可以叫作有熊氏。

氏族的命名有很多种，最厉害的就是用国家名作为氏。天子分封一个诸侯国，这个诸侯以及他的子孙就会用国家名称作为氏。自西周开始，周皇室就有分封诸侯国的做法。除了大家熟悉的齐、楚、燕、韩、赵、魏、秦，当时还有很多不同的诸侯国。像是陈国，第一任君王本是舜帝的后裔胡公满。周武王建立周朝以后，把陈（今河南淮阳）这个地方分封给他，于是他就自称陈氏，这也是陈姓最早的来源。大量分封诸侯国使得当时诞生了不少新的氏，譬如蔡氏、宋氏、郑氏，等等。

另外一种就是利用封地作为氏。像是国卿、士大夫等人，只要对国家有功，就可以得到一块封地作为食邑，这块封地的所在往往就会成为他们的氏。像是姜太公的孙子季子，放弃成为齐国君王的机会，要了崔地（今山东临淄）作为食邑，后来就成为了崔氏。因为食邑而诞生的新姓氏，不少流传至今，像是崔氏、卢氏、鲍氏、费氏、柳氏、杨氏等。

如果连封地也没有，那就可以用职业、居所订立氏名。黄帝的孙子擅长制作弓箭，就是"张氏"，家族世代守卫在桥山黄帝陵旁边的就称作"桥氏"，擅长屠宰动物的叫作"屠氏"，史官的后代自然也可以叫"史氏"，住在鲁国东门的襄仲称为"东门氏"，郑国大夫住在西门的自然也就是"西门氏"，还有东郭氏、西氏，等等。

所以说姓氏有别，它们两者从来源上就不一样，姓是上古就流传下来的，而氏则是当家族越来越大时，产生的分支的称号。两者之间的运用也有很严格的规定，通常来说，男的就称氏，女的就称姓。

男性之所以称氏，是因为氏的作用就是"辨尊卑"。一来在各诸侯国，姓为国君所独有，出自公族的卿大夫即便姓与国君相同，但也不能称姓，只能称氏，从而凸显姓为尊、氏为卑的观念。同时氏是可以最直接地体现一个人的家世的方式，因其来源可能是国号、封地所在、家族官职或者居所。就像孔子，"孔"

只是他的氏。孔子出生于鲁国，其先世是殷商王室，所以他的姓是"子"。他的远祖孔父嘉是宋国大夫，因为宫廷内乱被杀，后代逃到鲁国，以其名字中的"孔"为氏。所以孔子应该是子姓孔氏，名丘，字仲尼。当时各个国家的皇室都有专人撰写《世本》，专门记录各个公族的世系传承。男子称氏，也就能够判断他的出身了。

而女子为何只称姓？是因为姓还有一个作用就是"别婚姻"。当时的礼制规定同姓者不可通婚。今天我们会说同姓五百年前是一家，这只是一句客套话，不过在先秦时期同姓确实代表出自一家。而当时人们已经发现两个同一个血缘的人的后代，会很容易残疾。《左传·僖公二十三年》中记载了郑国公子叔詹所说的"男女同姓，其生不蕃"，叔詹劝郑文公善待公子重耳，其中一个原因就是说公子重耳父母同姓，却能健康生长，肯定是上天保佑。春秋时期郑国政治家子产也说："买妾不知其姓，则卜之，……男女辨姓，礼之大司也。"所以当时只要出身于同一个姓，无论是什么氏，互相通婚都是有悖于礼制的。为了辨姓的方便，春秋时期女子称姓为常例，也就是说每个女子的称号中都带有她的姓。像是周幽王烽火戏诸侯一事的女主角褒姒，姒就是她的姓，褒就是说明她是来自褒国的。

姓、氏两者合流是在秦汉之际。在春秋战国时期有大量新的姓氏诞生，见于史书的氏不少于三千个。但是在秦统一六国后，分封的体制被废除，导致原本的贵族纷纷消失，姓氏制度难以维系。及至汉代高祖刘邦，他是农民出身，先祖的姓名无从考稽,根本无法追溯出自哪个姓。所以司马迁在《史记》中对刘邦也直接称"姓刘氏",没有去追溯他得姓受氏的渊源。既然一代开国君主以氏代姓,姓、氏合而为一的情形就是很自然的事了。姓、氏之间本来的分别也就渐渐被淡忘,自此姓氏并称了。

南北和东西哪个比较远？

> 东南西北是最基本的方位词，但是它们之间有很大的差别。为什么会说买东西而不是买南北？为什么是大江南北而不是大江东西？

请大家说出一些带有东南西北的成语是十分容易的，像是南辕北辙、天南地北、东拼西凑、东倒西歪、东张西望，等等。但大家有没有想过，为什么这些成语中的"南北"和"东西"不能调换，这背后有着怎样的道理呢？

汉语中，东西和南北是常见的方位词，但除了表达方位，它们隐含的寓意也有点不同。南北表示的往往是遥远、隔绝之意。像是唐杜牧《汉江》诗的"南去北来人自老，夕阳长送钓船归"，唐柳宗元《封建论》的"挟中兴复古之德，雄南征北伐之威"。但东西则通常有表示周遭的意味，像是刘向的《九叹·远逝》中"水波远以冥冥兮，眇不睹其东西"一句，就是看不清楚周围的意思。为什么东西、南北之间会有如此大的差异？

古人认为天圆地方，既然大地是正方形的，东西南北的距离应该是一样的。《淮南子·墬形训》："禹乃使太章步自东极，至于西极,二亿三万三千五百里七十五步。使竖亥步自北极,至于南极,二亿三万三千五百里七十五步。"可见东西和南北各自的距离是相同的。但古代的一些哲学家在举例时,偏好用南与北做例子。《庄子·应帝王》:"南海之帝为倏,北海之帝为忽,中央之帝为浑沌。"那关于东帝和西帝呢?庄子却没有提到。同样是庄子,又言"北冥有鱼,其名为鲲,鲲之大,不知其几千里也。……南冥者,天池也","夫鹓䲦发于南海而飞于北海",这种传说级别的生物也是出现在南海、北海。《荀子·王制》也说:"北海则有走马吠犬焉,然而中国得而畜使之。"为什么他们总喜欢用南海、北海做比喻呢?

唐代学者杨倞曾解释过这个问题,"海谓荒晦绝远之地,不必至海水也"。"海"在此只是一个虚指,表示极远的距离。当时人们都有这样的共识,用南北来表达极远的距离。例如《左传·僖公四年》:"君处北海,寡人处南海,唯是风马牛不相及也。"可见南北之间的距离相当远,甚至有两个极端的概念。地处南北的国家也经常用来比喻遥远的地方。像是地处北方的胡国以及地处南方的越国,就常被喻作遥远之意,《淮南子·俶真训》中的"肝胆胡越,自其同者视之",高诱就注为"肝胆喻近,胡越喻远"。

回过头来观察"东西",就会发现"东西"的寓意表示邻近。同样是庄子,《庄子·逍遥游》言"子独不见狸狌乎?……东西跳梁,不避高下",东西跳梁,足见其距离之近。常见成语中"东西"也常表示周遭的事物,或者附近之意,像是东奔西跑、东张西望,等等。"东西"也引申出周围的意思,像是《史记·梁孝王世家》中的"得赐天子旌旗,出从千乘万骑。东西驰猎,拟于天子",就是在宫苑周围狩猎。宋欧阳修有诗曰"念花意厚何以报?唯有醉倒花东西",也是代表花旁边的意思。

从不少的语例看来,南北与东西之间所代表的距离感很不一样。南北多是用以表示天地间遥远的距离,像是天南地北。而东西所表示的距离较近,再远也是人力所能及的范围。像是各奔东西,也是描述人所能及的范围。南北、东西这种距离感是怎样形成的呢?

这种对东西和南北的认识差异,历史已久。自古以来,北方一直被认为是幽冥之地,是因为中国地处北纬,日光多由南方照射而来。一年中北方所受到的日照远比南方少,所以就被认为是幽冥之地。《礼记·礼运》言"故死者北首,生者南乡",古者认为死者都是前往北方,而生者的坐向就是要面对南方的。南主生,北主死,两者之间的距离自然是极为遥远的。

但是东西就不一样,东西向一直以来和我们的生活关系较为密切。除了太阳东升西落,古代的人都会东西为邻。因为日照从南而来,采光的窗户亦多是朝南,所以房屋多是东西排列。戴叔伦《女耕田行》曰:"东邻西舍花发尽,共惜余芳泪满衣。"其中的东邻西舍正是此意。同时自古以来都以面朝南坐为尊,东西两个方向就自然是在左右手位置。东西与左右之间的联系,也让东西的距离感更近,像是人手所及的近处。

因为"东西"和"南北"两者所表示的距离感有所不同，所以不少词语当中的"东西"和"南北"无法置换。所以为什么只能说大江南北，是为了表示地理上的遥远；为什么只能说东张西望，是表示目力能及之处。这种理解代代相传，于是在今天我们常用的语词中，也保留了这种"东西"和"南北"的差异。

第 5 章

**不服来战，
古代战争实况报导**

　　章回小说中，武将对决总是一来一往杀得好不痛快，但打仗怎么可能看两位将军打架就决定胜败了呢？作战时面对铺天盖地的箭雨，能不能像传说中一样舞刀挡开呢？来看看真实的古代战场到底是什么样的。

古代战神都是大力士，
不拿个三百斤哪好意思上战场？

> 古代的将军很厉害，《明史·刘綎传》记载明代大将刘綎"所用镔铁刀百二十斤，马上轮转如飞"，岳飞之子岳云"手握两铁椎，重八十斤"，在战场上屡立奇功。他们动辄掏出几十斤的武器，气力惊人。

对于古代的十八种兵器，大家都有听闻，像是矛、锤、弓、弩、铳、鞭、锏、剑、链、挝、斧、钺、戈、戟、牌、棒、枪、耙。当然这份名单常常会有改变，十八般武艺所指的武器在不同时代也会有不同，不过有一点是很可以确定的，即有不少的冷兵器依靠重量来获得优势。像是锤、狼牙棒等武器就是越重伤害越大。有时候不单钝器有着相当的重量，古代大刀之类的武器也很重。但是看看古代的兵器，动辄几十斤，好像十分厉害。

像是《三国演义》中"三英战吕布"一幕，当中说道："云长见了，把马一拍，舞八十二斤青龙偃月刀，来夹攻吕布。"八十二斤的武器，现在有多少人能够拿得动，并且能随意挥舞呢？不要觉得这只不过是小说家之言，正史《三国志》中的《典韦传》当中就写道:"韦好持大双戟与长刀等,军中为之语曰:'帐下壮士有典君,提一双戟八十斤。'"典韦这名大将以"形貌魁梧,膂力过人"见称,既然他也拿得起八十斤的戟,关羽的大刀恐怕也不足为奇。到底古代的兵器是否真的这么重呢?

其实这当中有着一些误解,古代的一斤的重量和今天是有所不同的。先说秦汉,被称为"汉初三杰"的张良是汉初重要的谋士。他的祖父、父亲都做过韩国的宰相,辅佐过五任韩王。秦破六国使得张良决心复仇,并策划了一次大胆的刺杀行动——博浪沙行刺。《留侯世家》中是这样描述的:"(张良)得力士,为铁椎重百二十斤。秦皇帝东游,良与客狙击秦皇帝博浪沙中,误中副车。"张良招募的大力士真的十分厉害,拿着一个一百二十斤的大铁椎来行刺秦始皇。不过秦汉时期的一斤以今天的重量单位来计算,其实只有两百五十七克。秦统一六国之后做的一件很重要的举措就是统一度量衡,当时为了各地能够统一标准,就铸造了不少的"铜权"以及砝码。有一件出土铜权,上刻有秦始皇二十六年统一度量衡的诏书,并写有"八斤"两字。经过称量,这件铜权重两千零五十三克,亦即当时一斤约两百五十七克。这样看来,当时这位大力士手持的大锤不过今天的三十公斤左右,虽然也算是十分厉害,但绝不是我们想象中这么夸张。

及至三国,天下征战的年代中诞生了不少名将,他们的武器往往也是十分厉害。像是上面所提到的典韦,手持一双八十斤的戟。但是在三国时期,一斤的重量又有所下降。三国时期,一斤大概有两百二十三克①。以此标准计算，八十斤合十七公斤左右。这样其实也不算太重，用来做武器还是可以接受的。

如此看来，关羽的青龙偃月刀的重量是不是也可能是类似情况呢？如果以《三国演义》的创作时期来看，八十二斤是很可怕的重量。中国古代度量衡最混乱的时期就是魏晋南北朝，一斤的重量时而折合两百二十三克，时而折合三百三十四克。直到唐代才重新订立一斤的重量，唐代的一斤折算约六百克，及后宋、明、清都依随唐制。所以《三国演义》中的一斤很可能是依照当时的斤两，而非魏晋时期的古制计算。要是这样算的话，一把青龙偃月刀合现在的五十公斤左右。关羽骑在马上全速前进，举着刀横扫一下，恐怕没多少人能够接住一招。

武器不一定越重越厉害，像是唐代的陌刀，仅十五斤重，杀伤力已经十分惊人了。陌刀专门针对骑兵，《唐六典》卷十六有记载："刀之制有四：一曰仪刀，二曰鄣刀，三曰横刀，四曰陌刀。"陌刀的前身是双刃的长刀，后来为了对抗突厥、吐蕃等拥有精良骑兵的外敌，唐代设计了陌刀这种长兵器应对。这种刀又称"斩马刀"，据描述："力士持之，以腰力旋斩，挡者皆为齑粉。"这种刀据记载重十五斤，即今天的九公斤左右。乍看之下好像不怎样，但在实战当中却十分厉害。唐代将军李嗣业善用陌刀，曾依靠陌刀逆转形势。至德二年（七五七年），唐军反攻安禄山叛军，双方人马决战于长安西南香积寺，开战后，敌骁将安

---

① 可见于吴承洛《中国度量衡史》附表第十八。

守忠、李归仁率精骑突入唐军阵中，冲破唐军阵形。见形势危急，"嗣业乃脱衣徒搏，执长刀立于阵前大呼，当嗣业刀者，人马俱碎，杀十数人，阵容方驻。前军之士尽执长刀而出，如墙而进。嗣业先登奋命，所向摧靡"。靠着一把陌刀就杀得对面人马俱碎，可谓唐代第一兵器。

打仗这一回事，确实不是武器越重就越好。陌刀看上去好像不太重，但是要训练出一位能使用陌刀的士兵往往以年计算，要训练出一队熟悉陌刀阵法的部队则更为复杂。一支军队中有两三千人能用陌刀，已经非常罕见。要是说动辄数十斤的武器，在实战中用处极少。

不过对于小说家们来说，一切的重量不过是一个数字。清代有一部小说叫《说唐全传》，演绎隋末唐初的乱世故事。其中的天保大将军宇文成都，被誉为隋唐第二条好汉，手持四百斤的凤翅镏金镋，凭着这四百斤的武器，可谓所向披靡。不过他还是败给了西府赵王李元霸，甚至可以说还没开打就已经输了。为什么呢？因为李元霸手使两柄擂鼓瓮金锤，共重八百斤。八百斤相当于一头牛的重量，要是李元霸参加奥运举重，应该可以直接赢得冠军。不过姑且不论古代的武将是否真的这么厉害，到底是哪个大力士工匠能打造出这些武器来呢？

将军别冲动，单挑会出事！

> 战场上两军对垒，一位大将站在阵前高声喊道："你躲在大军当中算什么好汉，有本事就出来和我战个痛快！"另一位将军大声喊道："大家快点一起上，打死那个喊话的我们就赢了！"

大家常看的一些古代演义小说，总是喜欢描写一些武将之间的决斗。像是《三国演义》当中就有不少武将之间对决的场面。小说也是取材自现实，那么古代战争中会不会有单挑的情节呢？

楚汉争霸时，项羽曾经向刘邦提议："天下匈匈数岁者，徒以吾两人耳，愿与汉王挑战决雌雄，毋徒苦天下之民父子为也。"就是说都打了这么多年了，不如我们两个直接一决雌雄就好了。刘邦说不不不，我们还是斗智不斗力。于是两边就决定派人出来打："项王令壮士出挑战。汉有善骑射者楼烦，楚挑战三合，楼烦辄射杀之。"派了勇士出去打架居然输了？项羽觉得很没有面子，于是"项王大怒，乃自被甲持戟挑战。楼烦欲射之，项王瞋目叱之，楼烦目不敢视，手不敢发"。如此一来，刘邦也只好出来接待一下项羽。两人在河边谈话，刘邦数落项羽的罪行，项羽则约战刘邦。谈了半天，结果两个人还是没有开打。这一场单挑要是真开打了，一定会是史上最重要的一场。只不过古代的大将绝大多数时间是不会单挑的，他们通常是在指挥部队和对方交战。因为武将下场单挑这一件事，根本百害而无一利呀！

在小说描写中，开战前，往往会安排两军布阵，然后两军大将冲到阵前打个三百回合。但这样的单挑恐怕只存在于小说当中，正史中极少见到两边武将开打。不过这种挑战的前身很可能是先秦时期的"致师"，一种在战前挑衅对方，促使对方出战的行为。"致师"一事，可从《周礼·夏官司马》中找到记载："环人：掌致师，察军慝，环四方之故。"郑玄解释道："致师者，致其必战之志。古者将战，先使勇力之士犯敌焉。"早在商周时期就有这种挑战行为，如"武王使师尚父与百夫致师，以大卒驰帝纣师"，就是在牧野之战开打前周武王先派人去挑衅纣王的军队。这种挑战对方的任务，多会交给军中的勇士，展示自己的武艺。有时候不仅仅是阵前打架而已，更会直冲敌营。《左传·宣公十二年》："'吾闻致师者，右入垒，折馘，执俘而还。'皆行其所闻而复，晋人逐之，左右角之。"

不过这些挑战的事情还是交给普通勇士就好，大将绝对不可以参与到这么危险的事情当中，因为古代打仗得胜的关键就是将军。《孙子》十三篇无一篇不提及将领，更说道："夫将者，国之辅也，辅周则国必强。"将军之所以如此重要，是因为他是军中少数有能力掌握局势的人，同时全军的指令都自将军而出。

古代将领在打仗时会选择视野较好的后方，观察战事的进行，并且通过旗语发出指令。各分队中的副将会根据旗语，执行将军的指令。这面将旗就是军队的象征，只要旗还在就代表军队依然能够运作。一旦将旗不在就代表军队已经没有办法应对对方的阵形，这时候哪怕有十万大军也不过一盘散沙。同时士兵们见到将旗不在，也会认为战争已败，就会争相撤退。但只要将军还在，哪怕战败了也可以做出撤退的安排，保留最大的实力。将军如此重要，所以作战时其中一个主要的任务就是击杀对方的将军。古代的军事家基本上都认同击杀了敌方将军，大致上胜局已定。就像北宋和辽之间的澶州之战，这场战争是双方的主力对决，甚至宋真宗也亲赴战场。结果辽国主将萧挞凛被宋军用床子弩一箭射死，辽军上下皆无心再战，不出数天就签订了和约。

所以为了保护将军，通常会让将军坐镇中军，同时将军身边往往会有一支精兵。这队精兵往往会由将军的亲信、子侄等可信之人担任，并配备精良的盔甲、武器、马匹。这支队伍往往是全军中战斗力最强的，即便被重重包围，将军也可以凭借他们尝试突围。将军不但坐镇中军后方，还有如此的精兵保卫，就是怕在战事中出什么意外。就算将军想冲出去决斗一番，身边的人也绝对不会让这件事情发生。所以在古代的史书中很少见到将军出去决斗，将军们要是不小心打起来，通常都是一些遭遇战。根据《三国志》中的记载，太史慈就曾经和孙策打起来了："但使慈侦视轻重。时独与一骑卒遇策。策从骑十三，皆韩当、宋谦、黄盖辈也。慈便前斗，正与策对。策刺慈马，而擥得慈项上手戟，慈亦得策兜鍪。"原来两人都在视察环境，身边都没多少人马。双方一碰面就开打了，孙策刺倒了太史慈的马，太史慈又抢了孙策的头盔。一见这样的阵势，双方骑兵匆匆赶来，又不是战争时期，怎么就打起来了呢？最后把两人拉开，罢战撤退。

　　武将之间的单挑确实十分少见，不过古代有另一种"单挑"。这种单挑同样影响战事的发展，甚至片刻之间就能分出胜负，那就是古代说客。就像著名的《烛之武退秦师》，晋国、秦国两国联合围攻郑国，郑国无计可施，派出烛之武游说秦穆公。烛之武果真凭着非凡的辩说能力，使秦穆公主动退兵。又像墨子论战公输盘，当时公输盘为楚国建造了云梯攻打宋国。墨子一听，连奔十日十夜到楚国国都，想要阻止这场战事。墨子一人先是以理游说楚王，又和公输盘比拼攻守器具九个回合。最终墨子获胜，阻止了战争的发生。

　　小说看得多，或许就以为古代将领们最喜欢单挑了。要是单挑就能分出胜负，那又何苦号召如此多的将士上战场？或许单挑最好的做法就像是刘邦所说："吾宁斗智，不能斗力。"让一群智商过人的谋士，直接对决，谁的智商高谁就赢了。这样不是更好吗？

看我挥刀拨开迎面而来的箭雨

> 大家看电视剧时常会发现有一个很厉害的大将,无论对面射出多少支箭,他都能耍得一手好刀法挡下所有的箭。真有这么厉害,下雨出门都不用带伞了,直接靠舞刀就能挡雨了。

今天我们看一些古装战争剧的时候,总少不了挡箭这一幕。历史上到底有没有人这么做呢?正史当中这样的记载少之又少,在清人吴任臣所编写的《十国春秋》中,曾经记载过这么一位大将:"仁肇独骑回殿。永德故猿臂,善射,引弓射之,矢至仁肇所,辄为格去。"描述的就是南唐大将林仁肇,当时有位善于箭术的张永德企图在林仁肇撤退时射杀他,殊不知连射数箭皆被格挡。大家喜欢的《三国演义》中也有这种情景,《三国演义》第六十七回中有:"甘宁手执铁链,冒矢石而上。朱光令弓弩手齐射,甘宁拨开箭林,一链打倒朱光。"这实在是太厉害了,但如果了解古代战争中有多少弓弩手,就会知道要是他们一起放箭,根本谁都挡不了。

弓箭的诞生,远比文字记录来得早,原始部落的先民就已经开始利用弓箭来狩猎。曾在云南元谋出土的原始部落墓穴，就发现不少尸骨上有箭伤。作为古代社会最重要的远程武器，弓箭曾经是上层贵族的必修项目，《周礼·地官司徒》中说到古代"保氏：掌谏王恶，而养国子以道。乃教之六艺：一曰五礼，二曰六乐，三曰五射，四曰五驭，五曰六书，六曰九数"。当时他们要学的有五种箭术，包括白矢、参连、剡注、襄尺、井仪。这些箭术都是以射得快、准、狠为目标，为求一箭就能击杀敌人。像是古代最为有名的弓箭手养由基，《战国策·西周策》中记载："楚有养由基者，善射，去柳叶百步而射之，百发百中。"这位养由基可谓楚国箭神，能够一箭射穿百步之外的柳叶，应该也有希望能在万军之中射中敌方将领。面对箭神射出来的箭，且不论能否格挡，甚至箭从何来也很难看得清楚。但弓箭手培养不易，而且气力有限，无法长时间准确地射击。所以军队需要有一种方法使战场上能够有大量弓箭手，以数量取胜。因此在春秋晚期发明了弩机，使战场上也能出现成批成批的"神箭手"。弩机便于操作，任何一个士兵经过简单的训练都能运用；同时利用机械的力量来发箭，减轻了士兵的负担。此外当时战国七雄之一的魏国，也为他们的常备军配备了大量的弩，每位军人都要带着。《荀子·议兵》记载有"魏氏之武卒……操十二石之弩，负服矢五十个"。

　　大量弓弩手的作用就是以密集式射击获得战略上的优势，在实战中各国军队也开始体会到箭矢铺天盖地而下的威压。战国时期著名的马陵之战就是利用大量弓弩手完胜对方于死地的例子，《史记·孙子吴起列传》中就详细地记载了这次弓箭手的胜利。赢得此战的孙膑先以巨量弓弩手设下埋伏,"令齐军善射者万弩,夹道而伏",待庞涓带领的魏国军队经过,"齐军万弩俱发,魏军大乱相失"。这一次的战役动员了上万名弓弩手,如果以每位士兵五十支箭的数量来计算,该次埋伏战中动用了数十万支箭。此战可谓开启了弓箭手的时代,此后弓箭在军队中被大量使用。如秦始皇兵马俑中出土的陶俑士兵中,就有近六成装备弩机的。

汉代更加重视弓弩的作用,面对着强劲的匈奴,当时朝中大臣主张利用大量的弓弩手对抗。西汉初年政治家晁错就提议利用射程远的弩机,击杀匈奴军队。他认为:"劲弩长戟,射疏及远,则匈奴之弓弗能格也。"汉初兵书《六韬》中认为理想的部队应该有"甲士万人,强弩六千,戟楯二千,矛楯二千",弓弩手的占比极大。确实,弓弩战法在当时的战场上大规模使用,不少对抗匈奴的战役都是依靠弓弩获胜。像是大家熟悉的飞将军李广,一次带领着四千骑兵被包围,凭借着弓弩阵死守了一夜。《后汉书》中记载了东汉名将虞诩如何平定羌人之乱。他刚到武都郡时,"兵不满三千,而羌众万余,攻围赤亭数十日",而他下令先作佯攻,诱使羌人攻击;然后搬出重弩,"诩于是使二十强弩共射一人,发无不中,羌大震,退"。后世进一步地研究如何提升弓弩在军队中的比重,唐代诗人杜甫《兵车行》中第一句就是:"车辚辚,马萧萧,行人弓箭各在腰。"唐代军事著作《太白阴经》中的记述,可见当时弓弩的装配比例。唐代一军人数约二万人,需要配备弓一万二千五百张、弩二千五百张;同时配备弩箭二十五万支、弓箭三十七万五千支、射甲箭五万支、生鈚箭二万五千支。当时一军所配备的佩刀总共不过一万口,但是弓、弩两者合计一万五千张,可谓全军皆弓弩。①

宋代继承了前代的大量使用弓弩手的战阵,《宋史·兵志》中记载"诸路禁军,近法以十分为率,二分习弓,六分习弩,余二分习枪、牌",可见对弓弩手的重视。《宋史》中也记载了当时的战阵,"每战,以长枪居前,坐不得起;次最强弓,次强弩,跪膝以俟;次神臂弓。约贼相搏至百步内,则神臂先发;七十步,强弓并发;次阵如之"。所以大家经常看电视剧、电影都觉得弓箭手好像就是打仗前放一两波箭,然后就没他们的事情了。这绝对是错觉,古代战场上的主力其实是弓箭手。两军交锋前会先相隔一段距离,待进攻方冲锋时弓弩手就要准备。宋人张浚就曾说过"缘弓可射八十步,弩可射二百余步",待对方进入射程就要不停放箭,尽可能击杀对方。古代一步约合今天一点五米,两百步的距离大概是三百米,骑兵只需要十多秒就可以冲过来。可想而知,为了在这十多秒中击杀敌人需要多少弓箭,如此密集的箭雨只有依靠重盾重甲,加上良马,方有机会冲过去。

再举一个例子,南宋将领杨再兴是名善战的大将。他曾经打

---

① 引自《太白阴经》卷四《器械篇》:"经曰:工欲善其事,(接下页)(接上页)必先利其器。器之于事,如影之随形,响之应声。……弩二分,弦三分,副箭一百分二千五百张。弩,七千五百条弦,二十五万只箭。弓,十分弦,三副箭,一百五十分。弓,一万二千五百张,弦三万七千五百条,箭三十七万五千集。射甲箭,五万只。生鈚箭,二万五千只。"

算在近战交锋中生擒完颜兀术，单骑杀入敌方后被重重包围，仍能且战且退。后来他率领三百轻骑到小商桥侦察，被金军包围。他率领部队力闯，身边的人都战死后，杨再兴意图从河边突围。这一次金人选择放箭，《宋史》记载："再兴战死，后获其尸，焚之，得箭镞二升。"从他中箭，到身亡不过几分钟，就几乎被扑面而来的箭矢插成了刺猬。如此可以知道弓弩手的存在就是为了射出最多的箭，击杀冲锋的敌人，看来若要挥刀挡住蜂拥而来的箭矢，真的只有神话故事和武侠小说中的主角，自带主角威能与不死光环才能抵抗吧！

飙速战车,古代战场如何上演玩命关头?

> 古代最早期的战场大杀器就是战车,一台战车四匹马,其下战士一百人,一千个这样的阵势排开,问你怕不怕?

所谓"君子一言,驷马难追",这个成语源自五代十国时期,用意是告诫人们要慎言,不要口出狂言。但是为什么需要四匹马呢?这正是与战车有关,先秦时期的战车普遍是以四匹马来拉动的。四匹马并列排行,中间的两匹马为"服马",是通过挽具与车辕相连来拉动战车。而两边的两匹马则只用皮带直接系上,称为"骖马",是协助"服马"来拉动战车的马匹。这四匹马合称为"驷",亦即"驷马难追"中的"驷"。

之所以需要四匹马来拉动,少一匹也不行,是因为最初的时候战车的基本部件如车轴和车轮等都是由木材制成,构件之间有很大的摩擦力。加上当时马匹的挽具也较为落后,难以完全发挥出马匹的拉动力。故在这样的情况下,单以三匹或以下的马匹较难拉动战车,所以当时的战车普遍由四匹马来拉动。只有使用四匹马来同时拉动战车,才能确保战车的速度,以便在战场上冲锋陷阵。

战车这种战争工具,在商朝至春秋间盛极一时。当时战场上的布阵以战车作为核心,加上与步兵的配合,形成了一种以战车为中心的军队编制。战车很早就已经出现,《尚书·牧誓》描述了周武王与商朝军队在牧野开战的情形,当中就有"武王戎车三百两,虎贲三百人,与受战于牧野,作《牧誓》"的描写。从中可见,早在商周时期,战车已是战场上的主力。

而到了周代,战车的构造则有了很大改进。木制的车轴与车轮并不稳固,所以古人利用金属部件取代了原本的木制部件。例如车轴与车轮间的连接地方,使用青铜包裹,这样可以降低其摩擦力和对车厢的耗损,也提升了战车的稳固性。同时为了增强战车的战斗力,古人也对车体做了很多改动。比如会使用青铜板遮盖战车的车厢,虽然会增加战车的重量,但却大大提升了战车的防御能力。亦有把套在车轴两端的青铜部件加长的做法,这个部件本是用作防止车轮脱落,但加长后的部件则会改造成矛尖形状,为的是要用来对付敌方步兵,进一步加强战车的战斗力。当时的战场上往往会以战车作为主力来进行战斗,同时会配合步兵组成编制。一辆战车上一般都配备了三名士兵,各有专职。而在每辆战车周围就会配备步兵,两者组成了一个基本的作战单位——"乘"。那么一辆战车基本上要配合多少步兵呢?根据《诗经·鲁颂·閟宫》记载,"公车千乘,朱英绿縢,二矛重弓。公徒三万,贝胄朱綅",以此可推断出一辆战车会配上士兵三十人。关于一辆战车会配合多少步兵仍有很多的说法,但大概可估算是二三十人至一百名步兵左右。"乘"是当时衡量军事实力的标准，所谓"千乘之国"通常都是指较大的诸侯国。以上所说的"公车千乘"，即在鲁僖公时期，鲁国拥有千个"乘"这样的编制。

既然战车这么重要，那我们就来看看它到底是怎样作战的。战车上通常会有三人并排而立：站于中间的那人是驾车者，称为"御者"，负责控制战车的行驶，确定战车的方向。站在"御者"左方的称为"车左"，主要以弓箭射击敌人。而站在"御者"右方的被称为"车右"，主要使用戈、矛等长兵器格斗。假如战车陷入险峻的地形时，他还需负责推车。

而战车决斗主要分为两部分，弓箭互射以及车战格斗。"车左"负责弓箭射击，但他不会朝着战车的前进方向放箭。因为战车的正前方是四匹战马，它们在跑动时会扬起不少尘土，阻碍"车左"视野。在这种情况下的射击，很容易误伤己方的步兵。因此当时的战车每行进一段距离，就会向右转向，把战车的左翼朝向敌军，为"车左"创造最佳的射击视野，一轮放箭后再向左转继续向对方前进。这种战斗模式会进行几次，直到与敌军的战车距离拉近并进入接触格斗阶段为止。当双方靠近，就会展开车战格斗。双方战车会以侧翼对战。虽然战车上的长兵器如戈、戟等武器长度可达四米，但是站在车厢上的士兵想要隔着双方各四匹马的距离互相攻击，这是不太可能的事。故此在车战格斗时，双方的"御者"都会将车左转，让车的右侧互相对着，以便车上的士兵格斗。由于每次的格斗只限于两车交错之时，而一次的交错是难以决出胜负的，所以往往在双方战车脱离接触后，会驾转回来做第二次交错。战车掉头的过程称作"回",然后两车驶近再次交战称为"合"。每次作战的过程称作"回合",亦即今天所谓"回合制"的出处。如是者,双方会格斗数个回合直至其中一方完全溃败,或者逃离战场为止。除了战车上的士兵互相对战外,战车与战车间也会做出较量。"御者"会操控战车来撞击敌方,使对方战车受损。

除了以战斗为主的战车之外,其实战场上还有其他种类的车辆。像是指挥车,就会用于战场上调动大军的行动,而指挥车的配件和士兵安排亦会与战车略有不同。指挥车上的武器与基本战车相比是较少的,但却加设了有指挥作用的金鼓。指挥官位于中间位置,通过击鼓来发布命令,而驾驶战车的"御者"则安排到左方,故此只能偏着身子驾驶。而右方"车右"的职责则不变,仍负责格斗及推车等任务。同时不能不提的是"革车",它的功用是负责运输战场上的所需物资。与一般的战车最大的分别之处就是拉车的动物不同,"革车"是用牛来拉动的。此车的负载能力强,故用作运送物资,但其移动速度却很慢,不能在战场上使用,只能作后勤之用。

商代至春秋时期,战车一直是战场上的核心,甚至判断一个国家的实力也是依靠其拥有战车的数目。不过战车有着很大的局限,那就是需要很大的作战空间。像是双方都有数百架战车的情况,那就必须找一个大平原方可决战。同时制作战车有不少地方需要大量的青铜,制作、维护的费用很高。及至秦汉时期,国家要应对外敌入侵,战场逐渐扩大。特别是在面对匈奴的骑兵时,缺少灵活性的战车渐渐落于下风。随着步兵的崛起和机动性强的骑兵出现,战车渐渐失去了其用武之地,在战场上的作用也转为运输为主,曾经雄霸战场一时的战车成为辅助工具,从此退居幕后了。

谁说古代战场上没有女性？

> 古代战场上只有男性在打仗吗？并不是这样，其实古代战场上也有女性的身影。她们虽然在战场上的地位和男性相差很远，不过也有她们的独特之处。

说起古代女性与战争，很多人都会觉得两者之间好像关系不大。除了花木兰之外，好像没听说过有多少女性会打仗。其实不然，虽说古代战场是男性的世界，但是女性也有在战场上发光的事迹。

要说女性打仗，那就一定要介绍中国历史上第一位女军事家"妇好"。妇好生于公元前十二世纪的殷商时期，是当时的商王武丁的妻子。妇好是当时的军事统帅，也是一位杰出的女政治家。殷商时期的甲骨文中，有二百多条关于妇好的记录，从中我们可见妇好的事迹。妇好来自于叫"商方"的部落，本来是武丁的六十多位妻子之一。但是妇好在领兵打仗这一方面很有能力，曾率领军队击败常年与商方打仗的土方。武丁对妇好十分信任，在征战时经常指派妇好作为副手，参与攻打彝方、羌方和巴方的军事行动，甚至让妇好亲自带兵出战。根据一条甲骨文材料"辛巳卜，贞，登妇好三千，登旅万，呼伐羌"，就是说妇好带着上万人的军队征讨羌国。

她不仅能够率领战士为国家拓展疆土，同时也会主持当时的各种祭祀活动，例如祭天、祭先祖、祭神泉。所谓"国之大事，在祀与戎"，妇好同时主持军事和祭祀活动，足见其地位之崇高。武丁的妻子多达六十多位，其中只有三人是尊为王后的，妇好则是第一位，亦见其深受武丁喜爱。在妇好死后，武丁为她建造了大型的墓穴，及至一九七六年正式出土。当中发现了近一千三百件陪葬品，最重要的就是当时妇好所使用的武器——龙纹大铜钺。这把武器重达八点五公斤，妇好能够使用这把武器征战沙场足见其武艺之高超。

能够像妇好这样掌握军事大权的女将领确实少见，更多的女性是在军队中负责守城、非前线的位置。特别是在战争频起的春秋战国时期，女性也会参与到军队编制当中。当时的将领并不会因为参军的是女性，而特别宽待。《墨子·号令》提到"女子到大军，令行者男子行左，女子行右，无并行，皆就其守，不从令者斩"，女性同样受军法的约束，要是有所失职，或者不服从命令，也是要军法处置的。而当时女性参军最主要的任务是负责守城，《墨子·备城门》："守法：五十步丈夫十人，丁女二十人……广五百步之队，丈夫千人，丁女子二千人。""丁女子"即壮年女子，从中可见女性是守城的主力。当时的守城队伍主要由男性担任弓弩手射击来犯的敌军，而女性负责抵御爬墙进攻。《墨子·号令》中写到有关守城女子配备兵器的规定,"丁女子、老少,人一矛",手持长矛的女军就会在城墙上阻击登墙的敌军,守卫城池。墨子这套防守理论颇受当时将领重视,特别是在被围困的情况下,将军会动用所有力量守城。像是《史记·田单列传》的描述,在田单领导的抗燕战争中,就曾利用女性守城以营造假象迷惑对方,"令甲卒皆伏,使老弱女子乘城"。

以上都是关于女军防守的内容,虽说防守也是战争的一部分,不过到底有没有女性上战场打仗呢?汉代农民起义确实也有女性参加武装战斗,甚至率众直攻县衙。《汉书·王莽传》中记载道:"琅邪女子吕母亦起。初,吕母子为县吏,为宰所冤杀。母散家财,以酤酒买兵弩,阴厚贫穷少年,得百余人,遂攻海曲县,杀其宰以祭子墓。"这位吕母因为自己的儿子被杀,为子报仇而招募了一队兵马直攻海曲县。在《后汉书·刘盆子传》中更记载称"吕母自称将军"。

不过要论真正的打仗,金代的杨妙真应该算是少有的女将之一。杨妙真乃是红袄军首领杨安儿之妹,《宋史》中是如此记载的:"安儿妹四娘子狡悍善骑射,刘全收溃卒奉而统之,称曰'姑姑',众尚万余。"后来她与同是红袄军首领的李全结为夫妻,抵抗金军。虽然在《宋史》中李全被列入叛臣之列,因为他们夫妻本接受宋廷招安,其后却又起兵伐宋。但是杨妙真确实是当时一流的武学家,据她的自述:"二十年梨花枪,天下无敌手。"戚继光的《纪效新书·长枪总说》中也说:"夫长枪之法,始于杨氏,谓之曰梨花,天下咸尚之。"杨妙真不但会领兵打仗,还有传世的武学,是极少有的女中豪杰。

而明代的秦良玉也是一位著名的女将,是少数被列入史书中将相列传的女性。她丈夫马千乘也是一位大将,两夫妻曾参与"万历三大征"之一的播州之役,平定贵州土司杨应龙叛乱。后来马千乘因被诬告而死,秦良玉就代领其职。秦良玉参与多次战争,例如曾率兵三千参与明朝与后金之间的战事,平定四川境内的叛乱,又曾多次对抗张献忠的部队,真可谓巾帼英雄。《明史·秦良玉传》中记载:"良玉为人饶胆智,善骑射,兼通词翰,仪度娴雅。而驭下严峻,每行军发令,戎伍肃然。所部号白杆兵,为远近所惮。"

不过女性行军打仗在中国古代确实少见,能列入史书的也只有寥寥数人。在先秦战国时期战争频起,女性尚有较大的机会参与战争。但是随着时代进步,军队趋向职业化,军事制度也越来越严格。在体能上的弱势,使得女性渐渐被排除在军事领域之外。不过她们也会以另一种方式参与战争,那就是从事后勤工作。《后汉书·何敞传》中记载"男子疲于战阵,妻女劳于转运",运送军用物资是女性对于战事的贡献,也是她们参与战争的方式。不过也不是每一位将领都接受女性出现在自己的军队中,有些将领会认为女性的出现会影响战争的结果,如《汉书·李陵传》记载,李陵率军与匈奴苦战,接连失利,"陵曰:'吾士气少衰而鼓不起者,何也?军中岂有女子乎?'"之后搜到匿藏在军中的士兵妻子,"陵搜得,皆剑斩之"。

古代战场确实是男性的天地,但回顾一些历史上著名女将的故事，会发现女性真要打起仗来，绝不会比男性弱。不过打仗是一件以命相搏的事情，将女性隔离与战场之外，尚可以为社会保留些生产力。要是连女性也要动员上战场，那么必定是城破国亡的生死边缘，这种局面想必没有人愿意见到吧！

当兵时的"军、师、旅、伍"从何而来？

> 今天的陆军编制中有军、师、旅、团、营、连、排等，古代也有军事编制，当中不少的编制名称时至今天仍在使用。

打仗这么重要的事情，自然不能掉以轻心。拥有一个良好的编制，在战场上自然更容易调度指挥。中国第一场著名的大战就是由黄帝和蚩尤开打的阪泉之战，两个部落之间打得天昏地暗。不过这场战争只存在于传说当中，是否属实也难考证，更遑论当中的军事编制。但由夏朝过渡到商朝之间就有过一系列的战争，当时商族的首领汤，曾试探过桀的兵力。《说苑·权谋》就记载"桀怒，起九夷之师以伐之"，当中的"九夷之师"可能是早期的军事编制。但《说苑》是西汉时期的书，它所记载的夏朝事迹并不算第一手的资料。

最早的军队编制记录是在殷商时期，主要通过甲骨文的记载来呈现，主要就有"师""旅""大行""行"数级编制。"师"应当是最高的编制，因为甲骨文中记载"王作三师，右、中、左"，这表示"师"就是王能够直接下令的部队编制。而最小的编制就是"行",据甲骨文记载,当时"一行"由一百人组成,左中右三行组成"大行",三"大行"是为"一旅"。旅是能够作战的基本单位,一旅中还会有后勤、传信人员,共约一千人。而"三旅"即"一师",王率领三师,估计就是一万人左右。甲骨文中也记载有征兵记录,商代征兵称为"登人",最大型的一次"登人"召集了一万人。用以上的编制计算,这级别可以算是倾全国之力,由王亲自统领的大型战争。

在商周之际,周武王联合庸、蜀、羌、髳卢、彭、濮等部族发起对纣王的战争。从《尚书·牧誓》中我们可以见到当时兵制的记录:"王曰:'嗟!我友邦冢君、御事、司徒、司马、司空、亚旅、师氏、千夫长、百夫长。'"司马、亚旅、百夫长等都是当时编制名,如果结合《史记》的兵制解释,每一百人称为百夫,是最基本的编制,由百夫长统领。在上一级的是为千夫,五个千夫组成一师,三个师是为一旅,全军有三个旅,总共四万五千人。故《史记》载"乃遵文王,遂率戎车三百乘、虎贲三千人、甲士四万五千人,以东伐纣"。

而在周王室取得统治权后,军事制度才改以"师"作为最高编制。西周时期强调"礼乐、征伐自天子出",君王拥有全国最大的军事力量。常驻首都的有六个师,如《诗经·大雅·常武》是记述周宣王亲自率兵征讨徐国的诗作,当中就有记载:"整我六师,以修我戎。"这六个师可谓常备军,随时听从君王指挥,也称"宗周六师"。同时也有所谓"成周八师"以及"殷商八师",前者以洛阳为基地,后者以朝歌为基地。这些都是用商代军队的遗留作为主力，再由周人统率，以防商代后裔叛变。宗周六师、成周八师、殷商八师共二十二师皆天子名下。同时也设立了司马制，由大司马协助周王管理全国军事事务，其下逐级设立军司马、都司马、家司马，确保军队能够统一指挥。西周时期有多次叛乱、征讨，周王室能够有着很大的优势全因手上的军队数量多，并有良好的指挥系统。

及至周平王东迁以后，周王室的管辖范围大减，军事实力大不如前，又经常要向一些强大的诸侯求助以抵抗外族入侵。在这段时期，中国的军事编制改变，"军"一级的编制正式登上历史舞台。"军"本意是指军队临时驻扎之意，其本来的字形就是一辆车停在三面围绕的土垒中。在春秋时期，成为最高级的军事编制，《周礼》中记载"五人为伍，五伍为两，四两为卒，五卒为旅，五旅为师，五师为军"，共一万二千五百人为一军。各国的军队数量可参见《周礼·夏官司马》记载："凡制军，万有二千五百人为军。王六军，大国三军，次国二军，小国一军。军将皆命卿。"

初时周王室对诸侯国的军队也有着一定的控制，各诸侯国的将领仍由周天子任命，听从"天下共主"的命令。但各诸侯国相对于西周时期，更着重扩展自己的军事实力，纷纷建立"三军"作为自己的常备军。当时的三军多以左、中、右，或者上、中、下为名。三军中，以中军的地位最高。统领中军者称作"元帅"，元即有首要之意。随着周王室的日渐衰弱，各国也增强了自己的军事实力，像是曾经称霸中原的晋国就拥有六军，实力远比周王室更大。

但是不论这些诸侯国怎样扩展自己的实力，编制方法仍是跟随周制，最基本的士兵编制是五个人，再由当中一个人担任伍长。有人认为这种以五作为基本编制的做法，是因为要组成一支多功能的小组。周代常见的兵器有所谓"五兵"，戈、殳、戟、酋矛、夷矛，所以就需要组成五人小组。也有人认为这是因为当时士兵在家是为农民，被征召即为士兵，所以兵制与乡镇之间的社会结构也十分类似。但无论如何，这种以"伍"为单位的编制成为后世的定例。"伍"也成为了军队的代称，参军称为入伍，退役则为退伍。这都是因为"伍"就是最基本的行军单位。乃至中国古代的象棋，很多棋子都是两个一对，唯独兵卒有五个，也是这种兵制的反映。

从商代的"师、旅、大行、行"，到周代的"伍、两、卒、旅、师、军"，当中不少的编制名称时至今天仍在使用。周代距离我们已有三千年远，但周代的文明影响中国文化极为深远，当时创立的"伍人之制"传承至后世，今天我们以"伍"代称军队，殊不知这原来是周代古制。

打仗时可以来点战斗主题曲吗?

> 正所谓"葡萄美酒夜光杯,欲饮琵琶马上催",打仗之前能够听听歌、喝杯酒就好了。要是打仗的时候能够有一点激昂的配乐那就更好了,其实古代战场打仗的时候,真的会有几个人在后面拼命打鼓吹奏!

音乐对很多人来说是一种艺术,是人类的感情及智慧的结晶,是一个社会安定幸福才有的产物。相反战争就是满目疮痍,到处残垣断瓦,生灵涂炭。那么两种反差这么大的事情,怎么会联系在一起呢?

所谓"礼乐",不但重视"礼",也强调"乐"。社会的各个阶层都有自己的音乐,不同的场合都有各自的音乐,而当时的音乐家往往会被冠以"师",以显示他们的身份。翻开《周礼》就会发现不同场合之下也有相对应的音乐演奏,战争这样的大事自然也不例外。《周礼·春官宗伯》中有"大师,执同律以听军声而诏吉凶",东汉经学家郑玄是如此解释的:"王者行师出军之日,授将弓矢,士卒振旅,将张弓大呼,大师吹律合音。"在出战之前,会有一个振奋士兵的仪式,其间会演奏音乐。对于演奏什么音乐也是有严格的规定的："商则战胜，军士强……宫则军和，士卒同心……"在五音当中只有"商调""宫调"的音乐才可以演奏，因为能为军士带来正面的情绪。打胜仗也有庆祝的音乐，《周礼·春官宗伯》载"王师大献，则令奏恺乐"，所谓"恺乐"就是在凯旋大典上演奏的音乐。

战争前和战争后都有音乐，这十分正常。那么在战争当中是否有音乐呢？古代的军事家发现激昂的音乐可振奋人心，加强斗志。士兵的士气很大程度会影响战争的结果，所以古代领军者会用音乐来鼓舞士气，振奋士兵的精神。当时战场上的主要乐器是"战鼓"。士兵于战场上不需要旋律优美的乐曲，战鼓的乐声清脆简洁，非常有气势，在战场上十分重要。在成语"一鼓作气"的故事中，齐鲁两军摆阵对战，本来应该双方一并击鼓然后冲锋，偏偏鲁军要等对方先击鼓三下。此时对方的士气已经被消耗了，鲁军再擂鼓进攻，一举获胜。由这个事例可见鼓与士气之间的关联。

音乐也可成为战场上一种激发斗志的手段，安抚军士沮丧的情绪。《战国策·齐策六》记录了一首震撼人心的军歌。公元前二七九年，燕军连破齐国七十余城，齐国只剩下莒、即墨两座城池。双方交战已五年，即墨城危在旦夕。

齐国的守将田单在危急关头唱出了《为士卒倡辞》："可往矣！宗庙亡矣！云曰尚矣！归于何党矣！"鼓励士兵冲锋，要不国家就会灭亡，就连魂魄也无处可归！同时使出火牛阵，士兵大举冲锋，击杀敌方大将。随后乘胜追击，收复齐国七十余座城。

不但可以激励自己的军士，音乐也可以扰乱敌方，影响战事发展的局面。"四面楚歌"是大家非常熟悉的成语，它出自《史记·项羽本纪》，是运用音乐来克制敌军的经典范例。当时刘邦率领兵马在垓下与项羽军决战，虽然项羽为数仅八千的士兵已被汉军团团包围，但是这支军队是一支十分精锐的部队。刘邦军久攻不下，项羽也准备杀出重围，双方都知道此战绝不可失败。此时军师张良建议，要不唱首歌吧。他带来一群被俘的楚军将士和汉军士兵，在楚营周围大唱楚地的民歌，歌声连绵不断。被包围的楚军士兵们果然泛起思乡之情，有所动摇，项羽本人也因此等歌声感到惊慌，说："汉皆已得楚乎？是何楚人之多也！"项羽听到到处都是楚国歌曲，误以为汉军已经攻陷了楚地。音乐直接扰乱了军心，使楚国士兵战力大大削弱。最后一战，项羽败矣。

再如《晋书·刘琨传》中记述，用音乐削弱敌方斗志再好不过。刘琨在驻守晋阳之时，曾被胡兵重重包围，情况十分危急："城中窘迫无计，琨乃乘月登楼清啸，贼闻之，皆凄然长叹。中夜奏胡笳，贼又流涕歔欷，有怀土之切。向晓复吹之，贼并弃围而走。"刘琨命士兵乘夜"三奏胡笳"，勾起胡兵的思乡之情，使敌军失去斗志，结果胡兵撤兵而走了。这种退兵之法，与"四面楚歌"有着异曲同工之妙，也是运用对方熟悉的音乐扰乱其军心，削弱敌军的斗志，达到"不战而屈人之兵"的效果。

《三国演义》中也专门加了一段描述诸葛亮如何运用音乐故布疑阵的故事。当时司马懿带领十五万大军进攻，而诸葛亮就只有二千五百多名士兵和文官。但诸葛亮临危不乱，传令大开城门，命令二十多名老弱残兵于城门外扮作打扫的平民，而他自己则头戴纶巾坐在城楼上焚香弹琴，看似若无其事般。司马懿看到这样的景象心感疑惑，心里已经认为诸葛亮布下了杀阵。诸葛亮一弹琴，司马懿听出了杀意，十五万的大军马上撤兵。小说写战争时也专门设计了一段与音乐有关的情节，也可见音乐与战争的密切关系。

其实在古代战争中，音乐起着很大的作用。不论是鼓励军士，还是扰乱敌军，音乐这个方式是最为直接、也最能打动人心的。所以虽然音乐与战争看起来好像风马牛不相及，但有时候这些简单的音符、音律就是决定胜败的关键。

司马家族大揭秘：
如何成为三国争霸最大赢家？

> 看过《三国演义》的朋友或许都会觉得书中三大势力的征战十分激动人心。但是最后却是司马家族获得了最终的胜利，成为天下之主，应该有不少人都觉得有没有搞错，司马家族到底有什么本事，能够成为最终赢家？

司马懿在《三国演义》中总是逊于诸葛亮，很多人觉得要不是诸葛亮早逝，蜀国就很可能赢得天下。不过回顾历史，司马家族能够登上皇位，靠的可是十几代人的积累。细数他们的家族史，会发现要做帝王，真不简单；要守住自己的帝位，更不容易。

司马，本是一个官职名称。早在夏朝就已经设立司马一职，及至周代司马作为管理军事的官位，地位甚高。而在周宣王时期，一位叫程伯的人担任了司马一职。因其讨伐徐国有功，被赐姓司马。司马在上古时期是为大姓，后代甚多。在当时的世袭制之下，子承父业是理所当然的事。司马家族作为以军事起家的世系，家族中的善武者自然众多。司马迁所写的《太史公自序》中就有略述:"自司马氏去周适晋,分散,或在卫,或在赵,或在秦。其在卫者,相中山。在赵者,以传剑论显……"

三国时期显赫的司马家族是河内司马氏,之所以称为河内司马氏,是因为赵国大将司马卬。司马卬本为赵国大将,在项羽反秦时跟随出兵。《史记·项羽本纪》中记述了他的功绩:"赵将司马卬定河内,数有功,故立卬为殷王,王河内,都朝歌。"司马卬因功分封在河内,是河内司马氏的开端。可惜司马卬立场不定,在刘邦大举讨伐项羽时投诚于刘邦。殊不知在彭城之战中项羽大胜,司马卬在此战死。虽然后来刘邦一统天下,但曾经投靠刘邦的河内司马氏却没有得到什么大官职,只得安守河内温县。

但司马氏始终是大家族,当然不会一直寂寂无闻,就在东汉时期诞生了一位名将——司马钧。司马钧是当时的征西将军,力抗当时经常侵犯中原的羌族。能成为当时抵抗羌族的主力,可见司马钧颇有能力,可是这位征西将军的下场却十分可笑。元初二年(一一五年),朝廷下令征讨先零羌,司马钧也在大军当中,可是他明显和其他几位将领有矛盾,乃至他见到同行的杜恢有难也不救。《东观汉记》如此记载:"安定太守杜恢与司马钧等并威击羌,恢乘胜深入,至北地灵州丁奚城,为虏所害,钧拥兵不救,收钧下狱。"最后这位征西将军在狱中自杀了。

司马钧死后,他的儿子司马量似乎有了新的领悟:看来做一位武将太危险了,要不还是做一个文官吧。史书中并没有太多关于司马量的记载,只知道他官至豫章太守。不过这一次从武将到文官的转型，就为司马家族带来了新契机，开始朝着儒家士族迈进。司马量的儿子司马儁官至颍川太守，虽然官职与父亲差不多，但是颍川郡可是士族豪门、才智之士聚集地。论秦汉，吕不韦、韩非子、张良、晁错等人都是出自此地；论三国，荀彧、陈群、徐庶、郭嘉也是祖籍颍川。颍川可谓豪门世家俱乐部，凭借着个人才识与魅力，司马儁成功将司马家族打造成顶级世家。《三国志·魏书·司马朗传》："朗祖父儁，字元异，博学好古，倜傥有大度。长八尺三寸，腰带十围，仪状魁岸，与众有异，乡党宗族咸景附焉。"

靠着司马儁的努力，在世家望族间打下的良好关系，司马家族在汉末时期得以登上更大的舞台。司马儁之子司马防仕途一帆风顺，《司马朗传》中有记载："父防，字建公……少仕州郡，历官洛阳令、京兆尹，以年老转拜骑都尉。"洛阳令、京兆尹相当于今天的首都市长，绝对是位高权重。司马防相对于他的儿子们名气虽然不大，但其实也不是泛泛之辈。在《魏书·武帝纪》中记录了司马防的一件大事——举荐曹操。曹操年少时曾被任命为洛阳北部尉，当时做官是需要推荐人的，史书中如此说道："（曹操）为尚书右丞司马建公所举。及公为王，召建公到邺，与欢饮。"此外，司马防也善于判断时势，司马防做官的时候正是在董卓手下，他判断董卓必败，故在战乱时令长子司马朗带领家族数次迁移以避开战火，成功保存家族的实力。司马防为司马家族做的更大贡献就是生了很多儿子，他共有八个儿子，长子司马朗、次子司马懿、三子司马孚、四子司马馗、五子司马恂、六子司马进、七子司马通、幺子司马敏，因他们的字中都有"达"字，时称"司马八达"。不要小看这八兄弟，他们当时都加入了曹魏政权，为司马家族掌握权力奠定了基础。

而"司马八达"中的最有名的就是司马朗以及司马懿，他们都是曹操手下重要的谋士。司马朗年仅十二岁就考进太学，绝对是一代神童。他带着司马家族在董卓讨伐战期间投靠远方亲戚赵威孙，保存司马家的实力，也更加巩固了司马家在河内的地位。而司马朗的弟弟司马懿，则更进一步，将司马家族带入了当时的权力核心。读过《三国演义》，都知道司马懿以智谋闻名天下。而他不但精于审时度势，面对着变幻莫测的曹氏家族却能让皇帝一直保持对他的信任，另一方面，他又是不世出的军事、治国顶尖人才，面对诸葛亮统领的蜀军，始终能抵挡攻势。擒获孟达、平定辽东等战役都显示出司马懿的才能。

但是司马氏自司马朗一辈起就已经在曹魏政权中担任了不少官职，曹魏的天下有一半是司马家族的。这自然引来了曹氏宗室的提防，曹氏第三代皇帝曹芳年幼即位，当时是由司马懿以及曹爽共同辅佐。但是曹爽掌握权力之后，事事排挤司马懿，力图独揽大权。司马懿在晚年联合自己的儿子司马师、司马昭发动了高平陵之变。这次对曹氏宗室发动的兵变，屠灭了当时的大将军曹爽三族，使得曹氏宗室势力大减。也自此起，司马家族就在篡位的路上越走越远。

真正推动司马家族为王的，就是司马昭。司马昭是司马懿的二儿子，他继承了父兄的势力后，一来传承了司马家族善战的本领，以少胜多平定镇东大将军诸葛诞的叛乱，威望渐大，同时司马昭日渐流露出对权力的欲望。曹髦是曹魏的第四位皇帝，年幼即位，但实际上不过是一个傀儡。随着年岁渐长，曹髦觉得自己一直受到控制很屈辱，又察觉到司马昭的野心。一次，他召见了几位臣子，说出了自己的不满，《三国志》裴松之注引《汉晋春秋》言："司马昭之心，路人所知也！吾不能坐受废辱，今日当与卿等自出讨之。"殊不知，皇帝的这次行动漏出了风声。司马昭马上派兵入宫，双方人马在东门相遇，本来有碍于皇帝的身份，大家都不敢动手。后来司马昭的手下贾充大声说道："公畜养汝辈，正为今日耳！"随行的成济，听此言后"刺之，刃出于背，天子崩于车中"，留下了中国历史上少有的光天化日下弑君的记录。

自司马昭弑君一事后，天下落入司马家族手中已无悬念。司马昭之子司马炎逼迫魏元帝禅让，即位为帝，建立晋朝。延续百年的世家大族终于登上了权力巅峰，夺得了皇位。不过司马家族因阴谋与篡位而获得的权力并不长久，司马炎即位后逐渐荒废政事，又大举分封诸王，为日后的八王之乱埋下祸根。司马家族中的有能之士又多耗于皇族内斗中，无力有效管治国家。种种乱象使得司马炎建立的西晋不过维持了五十一年，便因北方游牧民族叛乱而被迫逃亡，亡国皇帝司马邺在投降后也不得善终，受尽屈辱而死。

司马家族努力了这么久，好不容易登上了皇位，史学家陈寅恪认为这是代表儒家大族最终战胜了非儒家的寒族。但所谓忠孝仁义，却在司马家族的权力斗争中被弃如敝屣，弑君夺权是为不忠，后来的八王之乱也是不孝不仁，最后只剩利欲熏心的丑态。父辈在乱世中的努力，没几年就被败光，让人感叹建立功业的不易，但创业维艰，守成亦难，最终仍逃不过覆灭的命运呀。

第 6 章

穿越了别担心，做一个合格的古人

电视剧中穿越总是让人措手不及，但如果能事先做好功课，就能有备无患。想到古代策马行走江湖？记得先带身份证。运气不好穿成了平民？看看在古代如何发家致富。语言不通怎么办？教你学习古代通用语最快的方法。

穿越了语言不通怎么办?

> 看古装电视剧,来自全国各地的文武百官在朝堂上就着国家大事议论纷纷。今天操持不同方言的人之间都会言语不通,古代来自不同地区的人到底是怎么沟通的呢?难道是随时带着翻译?

中国幅员辽阔,不同地域都有各自的方言。方言词汇与发音上的差异使得各个方言区的人很难沟通,不但现代人面对着这个问题,古人也面对着这个困难。如何让全国有通行的语言,是一个很重要的问题。

先说方言词汇的差异,中国在春秋战国时期就发展出了不同的方言。许慎在《说文解字》的序言中说道:"其后诸侯力政,不统于王……分为七国,田畴异亩,车涂异轨,律令异法,衣冠异制,言语异声,文字异形。"也就是说春秋战国时期天下分为多个诸侯国,各个诸侯国都各自发展,文字和语言出现了差异,形成了各地的方言。不但言语异声,有时候同一个字在不同地方会有不同的意思,往往会闹出笑话。其中一个很有趣的故事就是"以鼠为朴",《战国策·秦策三》当中有记载:"郑人谓玉未理者璞，周人谓鼠未腊者朴。周人怀朴过郑贾曰：'欲买朴乎？'郑贾曰：'欲之。'出其朴，视之，乃鼠也。因谢不取。"同样是"朴"，在郑国的意思是原玉，在周人的理解就是未风干的鼠肉。郑国的商人打算向周人买璞而不是朴，当然是做不成买卖了。

这种方言的差异并没有随着秦代推行"书同文"而减少，因为这不过是书写字体上的统一，实际生活中各地方言的差别还是很大的。西汉的扬雄做了一次实际调查，记录各地来京官员、卫卒的言语，用了二十七年写成了《輶轩使者绝代语释别国方言》一书，详细记载了当时各地方言词汇的差异，从中可见各地对于同一件事物往往有不同的说法。像是卷八中记载了："猪，北燕朝鲜之间谓之豭，关东西或谓之彘，或谓之豕。南楚谓之豨。"同样是猪，就有豭、彘、豕、豨这几种说法。又例如老虎："虎，陈魏宋楚之间或谓之李父，江淮南楚之间谓之李耳，或谓之於菟。自关东西或谓之伯都。"要是一个关东人见到老虎大叫："有伯都！"宋人就听不明白了，因为他们称老虎作"李父"。

这样下去不是办法，要是同一事物在不同地方有不同叫法，大家还怎么沟通、做买卖？而这种情况不只发生在普通民众身上，就连赴京的官员也一样。最好的办法就是制定一种标准，统一不同事物的名称，汉代字书《尔雅》就有这个作用。"雅"有正统的意思，"尔雅"就是代表"规范的语言"。面对各地纷异的方言，《尔雅》既解释了不同字词的意思，同时也拟定了不同事物的说法。像以下这条"鹿，牡麚，牝麀，其子麛"，意思就是公鹿叫"麚"，雌鹿叫"麀"、小鹿叫"麛"，这就是当时鹿的标准叫法。汉代官方将此书定为官方用书，并设立博士一职专门讲解，成为文人必读的典籍。这本书不但帮助读书人了解词义，同时也能借此推广事物的标准名称，这样全国的读书人都能够免受方言词汇差异的困扰。

方言词汇差异一事令古人之间的沟通困难重重，而字书的面世才使得各物有了较为一致的称呼。不过还有一个更大的问题，那就是字词的读音。明代刘伯温所著的《郁离子》一书中讲述了一个和读音有关的故事。东瓯国的语言中"火"和"虎"读音是一样的，他们的国家长期受火害之苦。直到一天，他们听说晋国的冯妇擅长搏"火"，于是马上把他请来。没多久，宫廷大火，他们就把冯妇推进火场，冯妇就烧死了。原来这位冯妇是擅长搏虎，不是灭火。冯妇因为语言不通，死得不明不白，确实可怜。

而各地语音差异一事，在南北朝时期成为了大难题。因为南北朝时期不但有晋室大举南渡，从洛阳迁都至建康，同时南北朝之间的战争，也使得民众为了躲避战乱到处迁移。这使得操持各种方言的人四处流动，各地民众之间的沟通有了很大的障碍。北齐颜之推的《颜氏家训》中就有一篇专门分析语音的文章，当中说道："南方水土和柔，其音清举而切诣……北方山川深厚，其音沉浊而鈋钝。"这样形容太抽象，到底当时南北方语言是怎样的呢？文章继续列举南北方各自的同音字："则南人以钱为涎，以石为射，以贱为羡，以是为舐；北人以庶为戍，以如为儒，以紫为姊，以洽为狎。"在南方方言，"钱"与"涎"、"石"与"射"是同音字，在北方方言中"庶"与"戍"、"如"与"儒"

是同音字。来自不同地方的人要沟通，必定是困难重重的。

当时为了沟通，各地的人渐渐约定俗成，以两种口音作为通用语。一是洛阳音，洛阳是东汉、曹魏、西晋时期的首都，洛阳音长期作为官方标准，有很大的影响力；另一方面建康作为东晋以及南朝各时期的首都，建康音自然也成为当时南方的通用语。所以《颜氏家训》中说道："搉而量之，独金陵与洛下耳。①"就是指洛阳音与金陵音都是当时的通用语。当时如果想要做官，或想要和皇室联姻，都要学会通用语，《南史·胡谐之传》记录了这样一个故事：

> 上方欲奖以贵族盛姻，以谐之家人语傒音不正，乃遣宫内四五人往谐之家教子女语。二年后，帝问曰："卿家人语音已正未？"谐之答曰："宫人少，臣家人多，非唯不能得正音，遂使宫人顿成傒语。"

胡谐之是豫章南昌人，所说的方言并非洛阳音或金陵音，故他说的语音被称作"傒语"，即不正宗的语音。皇帝想赐他们家与贵族联姻，于是就派专人纠正他们的发音，殊不知最后反倒是教师学会了"傒语"。

而为了推广通用语，有学者开始编写"读音字典"，称为韵书，让大家照葫芦画瓢学习通用语的发音，诸如吕静的《韵集》、夏侯咏的《韵略》、阳休之的《韵略》，等等。不过由于当时有两种通用

---

① 金陵、建康同指南京，洛下即洛阳别称。

语，这些读音字典往往只以其中之一作为标准，使得读者只能学会洛阳音或金陵音，如此一来并不能解决当时南北两方的沟通难题。

不过编写读音字典提供了一个可行的方法，隋代成书的《切韵》就是借此解决不同方言之间的沟通难题。在隋代开皇年间，八位各地的大学者在一次聚会上讨论起声韵差异的问题。其中一位学者魏彦渊说道："向来论难，疑处悉尽，何为不随口记之！我辈数人，定则定矣。"既然各地的方言之间的差异根本没法讨论出结果，何不就由我们几个制定出不同字词的读音？于是这几位学者仔细研究各地的字词读音，遇到有差异的字音就定出一个大家都认同的读音。而陆法言记录了这次会议定下的读音原则，加以参考各家的韵书，最终写出《切韵》一书。这本书将各地的语言差异都加以统整，制定出一种包含了南北各地方言特征的读书音。各地读书人学习这种读书音都不会太过困难，因为总能在当中找到熟悉的特征。同时这本书是由当时的大学者制定的，有很大的公信力。所以这本书一面世就广受欢迎，各地学者都学习其中的发音，渐渐地，《切韵》中的读音成为全国都通用的读音。而由于《切韵》一书大行其道，唐代孙愐又加以整理，并收录更多字词，写成《唐韵》一书。朝廷大力推广此书，成为天下读书人都要学习的标准音。后来历代政府都会通过编写韵书，再颁行全国，来推广标准音。像宋代修成的《大宋重修广韵》、明代的《洪武正韵》、康熙年间的《御定佩文韵府》，都是各代的"读音字典"。各个朝代的标准语或许会因应定都的位置、读音的演变而有所不同，但是全国的读书人都能够通过朝廷颁布的韵书来学习。

而古代的学子在学习四书五经这些典籍之前，都必须学习"小学"，所谓小学就是学会字形、字义、字音三者。这就要利用字书、韵书这些工具书，教导学生如何查找正确的字义和读音，这样学生自小就学习通用语。只要是读书人出身，他们肯定都掌握了通用语，不愁没法沟通。官场上有来自全国各地的官员，但不论是呈上的奏折，或者朝廷上的议事，都能够按照通用语来进行。所以官员们虽然来自五湖四海，但彼此能沟通，背后就是依靠着工具书来推广的全国通用语，如此看来其实与现代的语言教育相差也不远了。

行走江湖,请先准备你们的身份证

要是回到古代,你肯定想学那些大侠到处游历,骑着马到处跑。但这样的情形还是在脑中想想就好了。一个没有身份证的人如果到处跑,你知道等待你的是什么吗?

现代社会几乎每个人都有身份证,生活中不同的场合都需要身份证,一个人没有身份证在社会上可谓寸步难行。古人其实也一样,要是没有身份证他们也是寸步难行,甚至连离开自己居住的城市也不行。

远古先民们的生活十分自由,打鱼狩猎的日子里经常随着动物的聚集点而四处迁移。不过踏入农业社会后,就有了居所管理的概念。《尚书·夏书》中说"禹别九州,随山浚川,任土作贡",大禹不但将天下分为九州,还任用九牧进行管理:"九州之牧各统其人。"及至西周时期,开始有了初步的户籍制度,有称作"宰"的专职官员记录辖区中居民的信息。当时大凡有新出生的孩童,都要告诉"宰",《礼记·内则》:"宰辩告诸男名,书曰'某年某月某日某生'而藏之。"这份出生信息需要抄写两份,一份本地保存,一份上交州府。这种登记制度是最早的居民身份管理,而保存在官府的文书也是后世身份证的雏形。

春秋时期以前,国家对于民众出行没有太多的管制。史书中记载,当时的人可以在不同诸侯国之间自由出入,孔子带着弟子周游列国没有人管,一众谋士到处跑,宣扬自己的理念也没有人理。不过法家的学者们觉得这样不行,一个国家一定要有出入境管制,这样才可以更好地管理人口。于是魏国的李悝编写了《法经》,当中初步构思了身份证应该如何使用。商鞅参考了这本《法经》,推动秦法变革,设计了出行证明制度。每当官员、百姓出行,都需要出示文件以表明身份,没有证明是不能通行或者投宿的。商鞅创立的这套身份证制度成为后世的典范,但他没有想到自己在逃亡的时候居然败在这一纸文件之上。《史记·商君列传》中记载商鞅逃亡时想投宿客栈,殊不知客栈老板说道:"商君之法,舍人无验者坐之。"就是说投宿之人要是没有"验",店老板就要被罚。后世用"作法自毙"取笑商鞅,但从中也可见秦国当时已经在十分严格地执行这套出行证明制度。

及至汉代,国家进一步发展"公验"制度。不论是官员或者普通居民,只要离开自己的居住地都需要办理称作"传"的身份证,以便通过各个关卡。而申请的过程也十分繁复,首先要向乡官通报自己有外游的需要,乡官就要证明申请者没有官司缠身,也没有欠税。然后乡官通报给县府,县府会核对一次自己保存的户籍资料,确定身份无误就会签批一张"传"。这张文件会写明谁要出行,出行目的和地点,以及会经过哪些关卡。内蒙古居延曾经出土过大量汉代的竹简,当中就可见到当时"传"的记述:

> 永始五年闰月己巳朔丙子，北乡啬夫忠敢言之。义成里崔自当自言，为家私市居延。谨案：自当毋官狱征事，当得取传。谒移肩水金关，居延县索关。敢言之，闰月丙子，觻得丞彭移肩水金关、居延县索关。书到，如律令。掾晏、令史建。

这位崔自当想去居延做做小生意，就去找乡官开证明。然后通报上去，由觻得县的官员开出了这张证明，并请路上的肩水金关、居延县索关放行。这位崔自当拿着这份证明，就可以去做生意了。没有这张证明去通关，会面临很严重的惩罚。当时称没有证明擅自出关的行为为"阑"，汉代的《二年律令》中列明："越塞阑关者，或处以黥刑，或斩左趾，罚为城旦舂。"或在脸上刺字，或被斩掉左脚脚趾，同时还要做苦役。如果是冒用别人的证件，或者把证件借予他人使用，也会受到相同的惩罚。

除了拿到证明文书，也要拿到回城的符证。《说文解字》说道："符，信也。汉制以竹，长六寸，分而相合。"符的作用就是出行者与城关各持一半，在回城的时候出示各自保有的一半，能对上才能回城。这些符证有很多材质，用木头做的，竹子做的，还有用布做成的。《汉书》卷六十四中记载了符证的运用。当时一位叫终军的才子要去长安任职，离开家乡的时候关吏给了他一块布帛说这是返回的凭证，终军说我要去首都做大官，以后再也不会回来啦，于是扔下缯符就跑了[①]。

---

① 《汉书》卷六十四："初，军从济南当诣博士，步入关，关吏予军缯。军问：

汉代的这种"公验"制度，为后世所继承，只是名称各有不同。像是唐代称这种制度为"过所"，也是过关人士必备的身份证明。不但居民出外需要申请，在唐经商的胡人也需要申请。《唐六典·尚书刑部》中列明："凡度关者，先经本部本司请过所；在京，则省给之；在外，州给之。"当时申请过所，需要写明申请理由、人数身份、携带物品、所经路线，等等。而且申请了不一定批准，特别像是"出境"亦即远赴西域的人，很难拿到批文。像是玄奘法师想去西域求法，但是因为当时与西域有战事，封锁了边境。据《大唐大慈恩寺三藏法师传》中的记载，玄奘拿不到出行批文只好偷偷摸摸从凉州出发，时任凉州都督李大亮发出了数张通牒要边境各州县加紧搜捕。幸好玄奘法师遇上州吏李昌，他是一位笃信佛教的人。在得知玄奘是要西行取经后，李昌十分佩服玄奘法师，于是暗地放他出关[①]。

及至明代，称这种身份证明作"文引"，申请者不但要申报理由，还需记录容貌。明代吕坤的《实政录》中记述了当时的文引需要记录持证人身高、年龄、有没有胡须、面形面色、有没有疤痕。这张文引十分重要，出外留宿都要出示文引。如果店家觉

'以此何为？'吏曰：'为复传，还当以合符。'军曰：'大丈夫西游，终不复传还。'弃缣而去。"

[①] 《大唐大慈恩寺三藏法师传》中详细记载了这个偷偷出关的故事："'有僧字玄奘欲入西蕃，所在州县宜严候捉。'州吏李昌，崇信之士，心疑法师，遂密将牒呈云：'师不是此耶？'法师迟疑未报。昌曰：'师须实语。必是，弟子为图之。'法师乃具实而答，昌闻，深赞希有，曰：'师实能尔者，为师毁却文书。'即于前裂坏之，仍云：'师须早去。'"

得眼前这个人的容貌和文引对不上,不但可以不接待他,甚至可以把他带到衙门审问。《大明律》中也写道:"凡无文引私度关津者,杖八十;若关不由门、津不由渡,而越度者,杖九十。"没有文引就不要想着到处跑了,也不要想着不从正门进去就没人会发现,被捉到了就直接杖责九十。

古代身份证的作用更像今天的护照,只不过是一本国内的通行证。在自己国家游历也要这么麻烦,好像不符合常理。但其实在古代,大多数的人一生中多数的时间都留在家乡,极少会离开自己生活的土地。同时古代社会不像现代这么发达,要是每个人都可以自由迁移,那么政府也无法做管理人口、处理税收等这些事情了。所以像武侠小说中,大侠们只要骑着一匹马就能天南地北到处游历是不大可能的。其实在古代想要浪迹天涯、环游世界并没有这么容易。

古人怎么刷牙洗脸？

起床后大家都会刷牙洗脸，古人也一样。但你以为就好像古装电视剧中漱漱口、用毛巾抹一抹脸就可以了？当然不是这样，一起来看看古代人起床后是怎样洗漱的。

刷牙洗脸是生活中很基本的事情，要保持个人卫生少不了这两件事。古人也十分重视这两点，并且发明了不少的方法让刷牙洗脸更有功效。

先说刷牙，很早以前古人就认识到牙齿健康的重要性。但是当时他们没有什么好办法来判断牙齿是否健康，遇到牙痛也不知道怎样处理。于是古人搬出了他们最擅长的一套——占卜。商代占卜记录中，经常见到问牙齿的事情。像是"贞：疾齿御于父乙"，就是希望父亲在天之灵能帮忙抵御牙疾。当时甚至有了关于龋齿的记录，在甲骨文中"龋"写成"齿+虫"，表示牙齿中有小虫。先民的牙齿确实不太健康，考古学家研究殷商时期出土墓穴中的骸骨，发现当中多达三成人有牙疾。

这样下去不是办法，于是古代人开始研究怎样保持牙齿清洁。《礼记·内则》当中"鸡初鸣，咸盥漱"，就是每天早上漱口保持口腔清洁。不但用水漱口，古人有时候还会用一些中药材熬汤来漱口，认为这样可以防治牙疾。就连当时的名医都是用这个方法来给人治疗牙疾的，《史记·淳于意传》中有记载："齐中大夫病龋齿……即为苦参汤，日嗽三升，出入五六日，病已。"古人对漱口十分重视，认为要经常用盐水、茶、酒、药剂来漱口，才可以保持牙齿健康。

但是大家都知道仅仅靠漱口来清洁牙齿是不足够的，牙齿上总会有一层黏黏滑滑的东西。于是乎古人就决定用与生俱来的工具来清洁牙齿，那就是手指。做法很简单，就是把手指伸进嘴巴里在牙齿上抠一抠。不过古人很文雅，称其为"揩齿"。揩齿一法在魏晋时期就已经出现，《古诗类苑》中收录了一首南北朝时期的诗，称作《西岳华山峰碑载口齿乌髭歌》。诗中说"揩齿牢牙髭鬓黑，谁知世上有仙方"，从中可见当时的人都觉得揩齿能够帮助牙齿牢固。不过仅用手指来揩齿，效果还是一般。于是古人会用上药材如皂角、生姜、细辛、荷叶等研磨成粉状，混合成"牙粉"，再用布蘸一点牙粉使劲地揩齿。苏东坡也有揩齿的描述，《东坡志林》中就说："每日早取三钱匕着口中，用少熟水搅漱，仍以指如常法揩齿毕。"揩齿这办法虽然简便，不过牙缝等位置还是很难清洁，看来最可靠的还是牙刷。大家不要以为牙刷是现代产物，其实早在唐代末年就有了牙刷。一九八五年成都唐代遗迹中就挖出来几把牙刷，足见此言不虚。而当时牙刷的外形和今天相差不大，都是有一手柄，然后在顶端钻孔插入马尾毛、牛尾毛。一位日本的高僧留下的访华记录《正法眼藏》中就有记录:"然只将牛尾切成寸余,将大约三分之牛角作成方形,长六七寸,其端约两寸,作如马鬃形,以之洗牙齿。"又有牙刷,又有牙粉,古人的牙齿也就越来越健康了。

至于洗脸,也不要以为就是用水随便抹一抹就好了。古代人洗脸也十分讲究呢,历代以来不停改进洗脸的方式和用品,古代女性洗脸的功夫甚至比现代人还要讲究。

先说说最早用以洗脸的清洁剂——澡豆。早在汉代,古人就发明了澡豆。作为肥皂的前身,澡豆最早期的作用就是洗手。所谓"澡",《说文解字》解释为"洒手也",所以澡豆本是让人在如厕后洗手之用。这种澡豆以猪的胰脏洗净研磨成浆,混以豆粉,再切成小粒状。不要小看这种澡豆,好像十分简陋,但当时只有上层社会的人才有资格用。《世说新语》中记载了东晋时期的王敦刚成为驸马时,没见过澡豆而闹出来的笑话。《世说新语·纰漏》:"(王敦)既还,婢擎金澡盘盛水,琉璃碗盛澡豆,因倒着水中而饮之,谓是干饭。群婢莫不掩口而笑之。"没有见过澡豆的人还以为这是一种小吃,闹出一个大笑话,不过从中也可以让人见到澡豆最初的模样。中医师们还发现澡豆可以有更大的用途,澡豆混合药材可使得在洗净之外带有不同功效。唐代大医师孙思邈在他的《千金翼方》中就有多达十五种的澡豆配方,像是其中一个很有趣的澡豆配方叫"令人面手白净澡豆方",这个配方包括了白鲜皮、白僵蚕、白附子、麝香、丁香等二十种药材,将其捣碎混合,加以猪胰脏做成澡豆。据说这个配方"用洗手面,十日内色白如雪,二十日如凝脂",当真十分厉害。

既然加上不同药材的配方可以使皮肤更好，又受女性欢迎，古代的药师们也就不停地为女性设计不同功效的洗面乳，像是《千金翼方》中就有诸如"悦泽面方""鹿角涂面方"等十多种洗脸的方子。祛斑的、变白的、使皮肤娇嫩的配方应有尽有。从这些配方可以看到古代女性为了艳泽动人，不但仔细研究化妆品，也十分重视洗脸。像是最为名贵的一道"鹿角涂面方"需要将鹿角用水浸一百天使其软嫩，再配以十一种药材在牛乳中慢煎成膏状。每次洗脸之前先用鹿角和这些膏在脸上慢慢涂抹，再用小米浸泡六七天而得的清浆水洗脸。用了如此名贵的配方来洗脸，有"令老如少"的作用，效果好比今天的神仙水。

刷牙洗脸虽然是很普通的事，但是在当中也有大学问。不同工具、配方的发明都是为了让大家不仅保持个人卫生，也使得自己看上去更加容光焕发。古装剧中只是漱漱口、找块热毛巾擦擦脸，古人可不会如此随便，从保养之道也可看出爱美之心，亘古皆然。

古代气象预报准不准？

> 明天到底会不会下雨，是自古以来大家都关心的问题。为了解答这个问题，古人尝试了不同的方法，既有占卜，也有利用统计分析，甚至根据星象来分析天气。那么结果又是否令人满意呢？

《宋会要辑稿·礼第十八》当中记载了一个故事，话说在宋徽宗崇宁五年（一一〇六年）五月左右，开封等地大旱。这正是农作物生长最重要的一个时期，要是出现旱情秋季必定歉收。礼部的人决定要举办一场求雨大典，于是在五月二十四日当天呈报皇帝。殊不知宋徽宗一挥手说"二十六七必有雨"，既然皇帝都这么说了，那唯有等一等吧。果然，那两天就下雨了，朝中大臣赵挺之说道："陛下天纵将圣，虽历象阴阳占候，无不赜其精微。"宋徽宗淡淡一笑，这有何难，"天地之间不离阴阳五行之数，今日太一移宫，水限也，故有雨"。台下传来一片掌声，称赞皇上真的十分厉害。不过历代以来古人研究了不少方法来预测天气，以五行术数来做分析只是其中一个方法而已。

自古以来，民众都十分关心天气，自然也会想找办法预测今后天气的发展。商代就已经有气象预测，依靠的当然是占卜。当时的人最关心的就是什么时候会下雨，他们所指的雨包含了雨、雪、雹、霜等降水现象。而在甲骨文中经常会见到以"各云"起首的卜辞，如"各云，不其雨？允不启"，"各云"意思就是天空中有很多云。每当古人见到这个情况，就会占卜接下来的天气发展，看看会不会有降雨。

周代有官员负责天文气象的预测，主要还是依靠占卜，但也会利用日晷来预测一地的天气发展。当时负责气象观测的有两位官员：大宰和大司徒。大宰是负责统筹祭祀事宜的官员，每次祭祀前他都要占卜祭祀日的天气。《周礼·天官冢宰》言"前期十日，帅执事而卜日"，就是说在祭祀开始之前的十天，大宰就要占卜、预测当日天气。另外一位就是大司徒，他要依靠日晷判断所处地的天气，《周礼·地官司徒》中就写道："日南则景短多暑，日北则景长多寒，日东则景夕多风，日西则景朝多阴。"

汉代天文气象观测是由太史令负责，本来太史令负责编写史书，观测星象来制定历法。不过古人认为星象和气象同出一辙，都是关乎上天的变化。于是太史令就顺便肩负起观测气象的任务，他们会定期记录天气星象的资料。而这些观测资料经过分析，会被总结成口诀，用以预测短期天气变化。东汉崔寔所写的《农家谚》，是一本农学专著，书中有很多农谚与天气有关，如"干星照湿土，明天依旧雨"，就是下雨后的夜晚如果见到星光，明日必定会继续下雨。东汉时期也有一些著作教人预测风雨，如《风角要诀》曰："候雨法：有黑云如一匹帛，日中即一日大雨，二匹为二日雨，三匹为三日雨。"这些口诀背后是有很多观察经验做支持的，在预测短期天气变化上往往十分准确。历朝历代都有当时预测天气的口诀，特别是农业生产，非常依靠这些口诀来预测天气。直到今天，仍有不少农夫能说出不少农谚。

时至宋代，政府希望天气预报能够预测更长的时间，以协助调整各地农业生产、灾害预防的工作。当时将气象观测交由太史局崇天台和翰林局天文院两个机构一起负责。《宋会要辑稿·职官第二》："国朝以来，凡天文气祲之异，必下史官谨而志之，外有太史局崇天台，内有翰林天文院。"这两个机构要在每天清晨提交前夜的观测报告，沈括的《梦溪笔谈》记载了他们的工作情况："每夜，天文院具有无谪见云物祯祥，及当夜星次，须令于皇城门未发前到禁中。"如果有任何气象异常，要马上呈报给皇上知道，甚至有特权可以在任何时候呈交报告予皇帝。《宋会要辑稿·职官第十八》："如遇有天象、风云、气候等凌犯，……所有奏状乞于通政司用黄袋，具提举太史局臣姓名封，许非时进，直达御前拆封。"宋代朝廷拨给这两个机构很多资源，根据《宋史》记载，"国朝置天文院于禁中，设漏刻、观天台、铜浑仪，皆如司天监[①]"，不但两个机构都配备了当时最先进的观测仪器，同时也为他们配备了很多人手，根据《宋史》的记载，司天监中就有多达二十位职官负责天文观测。[②]

---

① 司天监，太史局之旧名。宋神宗元丰三年（一〇八〇年）改官制名，此后成为太史局。
② 《宋史·职官志第五》："司天监：监、少监、丞、主簿、春官正、夏官正、

有良好的器材和充足的人手，宋代天文台交出的预测也没有令朝廷失望。宋太宗端拱二年（九八九年）秋冬之际，开封发生旱灾，三四个月都没有充足的降水。到十二月七日，司天监预报两天后有降雪，果然到了十二月九日，一场大雪如期而至。皇帝很高兴，不但宴请这群学者吃饭，还亲自写了首诗给他们。宋代的王应麟编写的《玉海》有记载："二年十二月丙辰，大雨雪。前二日，太史言：'月有苍白晕，西有黑气丈余，占云：雨雪之象也。'至是果验。诏近臣于中书宴饮，令各赋诗，上制《瑞雪歌》以赐之。"但是宋代天文台的预测背后依靠的是什么方法呢？

崇天台和天文院每月都要将所做的预报呈交给秘书省记录，以便日后查验。《宋会要辑稿·职官第二》："司天风云气候、祥异证验……并一月一报。"后世的学者很喜欢收集这些预报，来学习其中的秘诀。元代历史学家马端临所写的《文献通考》，记录了不少宋代太史令所做的预报，从中我们发现，这些预测多是依靠星象变化来做出推断。如《文献通考·象纬考十二》中记载宋真宗乾兴元年（一○二二年）三月，太史局又早早地向皇帝预报："木犯房，占云：秋多雨水。"他们观测到木星犯房星这一现象，断定秋天肯定会有很多降雨，影响收成。果然当年粮食失收，甚至要动用储粮救济灾民。《续资治通鉴》记载当年"京城

中官正、秋官正、冬官正、灵台郎、保章正、挈壶正各一人。掌察天文祥异，钟鼓漏刻，写造历书，供诸坛祀祭告神名版位画日。监及少监阙，则置判监事二人。以五官正充。礼生四人，历生四人，掌测验浑仪，同知算造三式。"

谷价翔贵。戊申，出常平仓米，分十四场贱粜，以济贫民"。《文献通考·象纬考十二》又载："四年二月，月犯箕。占曰：'有大风。'其年四月，西北大风起，飞沙折木，昼晦数刻。"箕，就是二十八星宿中的箕宿，亦即今天所称的人马座。他们观测到月亮进入了箕宿的范围，预测会有大风吹袭，两个月后真有大风到来。

现在我们很难相信星象与气象之间存在关联，但是当时的人都认为这个方法行之有效，还将这套经验传授予军官。宋代的《武经总要》是由朝廷主持编撰的一本综合性军事著作，当中有五卷与气象、星象、占卜有关，由当时的司天少监杨维德负责编撰。其中发现有不少口诀，教武将们预测天气。例如："气如黑蛇贯日，有雨水"，"日始出，有云如车盖，必雨"，"月晕亢，多雨"，"月从箕星，多风雨"。这些天气口诀多是从云层、星象出发，教武将如何抬头看看天就知道未来天气的发展。

准确得知天气情况，对于灾害预防与农业生产有很大帮助。为了能够预测天气，古人研究出不少的方法，诸如占卜、统计分析，或是观测星象。虽然部分方法今天看来毫无科学依据，但也是古人凭着对天气各方面的观测得出的经验。不过天气预测一事，不定数实在太多。就算今天有气象卫星、超级计算机等高科技辅助，预报也有失准。看来预测天气自古至今都是极为困难的事情啊！

泥土盖房还能千年不倒？

> 中国古代有很多建造精巧的木建筑能够屹立千年而不倒。但是没想到古人用泥土来建房子、造城墙也能千年不倒。到底古人是怎么做到的呢？

建房子往往会说"大兴土木"，所谓的"木"，当然就是指木构梁架，提起中国古建筑很多人都会想起复杂的木建筑以及精巧的榫卯结构。但是"土"指的是什么呢？

古代先民的活动地区之一是黄河流域，所居住的地方有很厚的风成黄土层。就地取材，用泥土来建造居所自然方便省事。于是先民研究出利用夯土来建造房子，所谓夯土就是指经大力压实后的泥土。在中国新石器晚期的龙山文化遗址中，就已经发现用夯土建造的墙体。当时建造夯土墙是会先竖立两块挡土木板，称作"版"，然后往当中倒进泥土加以压实，之后用绳子紧紧绑住两块木板，静待一段时间后砍断绳子，拆掉木板，就能建好一段墙壁。《诗经·大雅·绵》描述古公亶父带领群众建造都城的情形，其中写道："其绳则直，缩版以载，作庙翼翼。捄之陾陾，度之薨薨，筑之登登，削屡冯冯。百堵皆兴，鼛鼓弗胜。""缩版以载"就是以绳子捆束筑墙之版;"度之薨薨"就是往两版之间投土的声音;"筑之登登"就是压实泥土的样子。

在很长的一段时间之内,古人都利用夯土做建筑之用。先秦时期利用夯土来建造墙体,时至北宋,首都汴京的城墙也是利用夯土建造。《清明上河图》中所画的城墙只有城角才有包砖,主体还是夯土。利用泥土建房子、建城墙确实方便,但除了方便之外,坚固程度也十分重要。为此古人研究了很多的配方,使得以泥土兴建的建筑物坚固无比。

最早与泥土混合做建筑之用的材料就是石灰,石灰是一种历史悠久的建筑材料,因为在自然界中很容易就可以获得石灰。早在公元前三千多年的仰韶时期,先民就将石灰做建筑之用。从出土的遗址发现,当时的人会在住屋中用石灰粉饰墙壁。而《左传》中有这样一条记载:"宋文公卒,始厚葬,用蜃炭。"所谓蜃炭就是用蛤壳烧制而成的石灰。当时的人发现用石灰粉刷墙面有驱虫的功效,《周礼·秋官司寇》言"掌除墙屋,以蜃炭攻之,以灰洒毒之。凡隙屋,除其狸虫",正是用石灰驱虫的应用。

不过石灰更大的作用,就是加水与泥土混合时,能大大提升泥土的硬度。在秦代修筑秦直道①时,就将石灰运用在铺建地基当中。在今天仍然可见的秦直道遗址中,还能发现石灰和黄黏土的混合物。这种配方在秦汉时期被广泛应用,在不少的汉代墓穴中都发现了石灰和黄土的混合物。这些泥土混合物往往会倒入模

---

① 位于内蒙古自治区、甘肃省和陕西省境内,是一条秦代修筑的交通干道。

具并加以夯实，用以建造墙壁或地基。不要小看这种夯土，虽然不及现代混凝土坚硬，但用来建屋，其强度已足以抵御地震。

到了魏晋南北朝时期，人们就开始混合石灰、黄土、沙子，做成"三合土"来作建筑用。五胡十六国之一的大夏，就是用这种"三合土"来建造他们的都城。当时大夏国的首领赫连勃勃极为重视都城"统万城"的防御性，要求工匠将城墙打造得用锥子也不能钻入一寸。《晋书·赫连勃勃传》："乃蒸土筑城，锥入一寸，即杀作者而并筑之。"所谓"蒸土"就是当水加进生石灰时产生的加热反应。这种由石灰、黄土、沙子混合而成的三合土极为坚固，乃至六百多年后北宋的沈括见到这座城时仍啧啧称奇："至今谓之赫连城。紧密如石，剾之皆火出。"外墙浑然一体，其坚固的程度以至用铲子挖掘的时候甚至会击出火星。

而后来古人更尝试将食物与泥土混合，所造成的"三合土"更为坚固。不论用以建造建筑物外墙，或者是作为砖石建筑之间的黏合剂都异常牢固，可使建筑屹立千年而不倒。一九五七年，河南邓县出土了一座南朝宋时期的砖石结构墓地，这座墓穴的非凡之处是用了大概九万块砖石建成。这么多的砖石建筑自然需要非一般的黏合剂，而据化验所知，砖石之间存在不少糯米淀粉类物质。另外，建立于公元七六九年的永定客家土楼"馥馨楼"，距今已经一千二百多年，经过数次重修，仍然有一些最初兴建的墙壁屹立到今天。经过对墙体的化验，发现土墙中混合了石灰、红糖、蛋清等物。还有建于唐代的泉州开元寺，当中的古塔是纯粹的石建筑，屹立至今已经一千三百多年，经历过一六〇四年的七点五级大地震仍然完好。除了其精妙的力学结构，还得益于其石块之间的黏合剂，经过化验也发现其中含有蛋清、糯米等物质。

不少千年前的砖石建筑，都可以在当中找到一些食物的成分，当中又以糯米为主。古人似乎通过不少的实验发现，加入了糯米的"水泥"会比一般的三合土更加坚固。在《天工开物》中记载了这种加入糯米的配方："用以襄墓及贮水池，则灰一分，入河沙、黄土二分，用糯米粳、羊桃藤汁和匀，轻筑坚固，永不隳坏，名曰三和土。"为什么这种水泥会特别坚固呢？

其实大家吃过糯米都会知道，糯米在煮熟以后会变得十分黏糊，但是干了以后又会特别硬。这是因为糯米中有大量的淀粉，淀粉在硬化之后能够成为很强力的黏着剂。在以前常常会用面粉或富含淀粉质的东西加水烧煮，自制糨糊，就是运用这个原理。而当糯米浆和石灰混合的时候，糯米中丰富的支链淀粉会与石灰产生化学反应，促使碳酸钙的生成。这种碳酸钙与支链淀粉互相包裹，形成兼具强度与韧性的微结构。同时由石灰所形成的强碱性环境，抑制了细菌的滋生，使得糯米浆保持耐久。这种糯米水泥在古代大量应用在大型建筑之上，像是福建土楼就多利用这些糯米水泥加固外墙。当地不同族群之间多有械斗，这些坚固的外墙可谓刀枪不入，在一次次的武斗之中保护居民，时至今日仍然矗立。

今天我们欣赏中国古代建筑时，多留意秦砖汉瓦、榫卯结构、雕梁画栋。不过古人的建筑智慧不仅仅用于如何使建筑看上去更美观，在如何使建筑物变得更加牢固这一点上，古人也用了不少心思。经过了不知多少次试验，古人把食物和建筑这两件看上去没有关联的事物联系在一起，打造了这些极为坚固的建筑物。正是这种足够坚固的强度，才让很多优秀的建筑顺利保存到今天，让我们得以欣赏它们的美。

遇火警，不用怕，消防队立刻到你家！

> 现在大家遇到火警，第一件事是就肯定是打电话报警。古代人遇到火警会怎么办呢？别怕，古代也有消防员。而且不用你报警，只要你家有火光他们就会马上赶到。

在北京周口店原始人遗址，考古学家发现很厚的一层灰烬，表明当时原始人已经学会使用火了。火可是十分重要的事物，不论是煮食或者取暖都需要火。不过学会用火后，古人就要面对另外一个问题，那就是火灾了。早在商代武丁时期就有火灾的记录，甲骨文中记载，当时有一个奴隶在晚上纵火烧毁了三座粮食仓库，造成极为严重的损失。火灾很可能造成生命及财产的重大损失，如何预防火灾及救治火灾是历代政府都重视的问题。

首先是预防火灾，历代政府都设立了专职官员提醒民众小心火警。《周礼·秋官司寇》记载："以木铎修火禁于国中。"在初春以及秋天这两个火警易发的季节，司烜这位官员就会一边敲打木铎，一边提醒大家慎防火灾。唐代也有巡逻队伍，在各个里坊之间巡逻，其时有诗云"腰下佩金兽，手中持火铃"。明代也有这种巡逻小队,《日下旧闻》一书中有记载:"初更遣军人,一一摇振环城巡警。"每天晚上一入夜,这些小队就会在城市中到处巡逻,提醒大家小心火灾。

仅仅是靠人摇铃提醒,效果也是一般。因此历代政府都有极为严格的防火法律,任何促使火灾发生的人都会被重罚。《韩非子·内储说》中记载了一条殷商时期的法律:"弃灰于公道者,断其手。"煮食或祭祀后所余下的灰烬很可能带有火种,随意弃置很可能引起火灾。特别是古代房屋多为木制,一旦起火,灾情往往十分严重。为防止民众随意抛弃灰烬,殷商时期的法律就规定在街上倾倒灰烬的人要被斩手。而秦法中也有类似的条例,"弃灰于道者,黥",就是随意抛弃灰烬者,脸上会被刺字。在《唐律》中也有关于失火、纵火等的法律,例如"诸于山陵兆域内,失火者徒二年,延烧山林者流两千里",在郊外纵火就要判囚两年,要是波及森林就要被流放两千里;"诸于库藏及仓内,皆不得燃火,违者徒一年",要是在储存物资的仓库放火,那就要被囚禁一年,这些处罚相当严格。

不过虽然有如此严格的防范,火灾这种意外还是很难预料的。要是真的发生了火灾,倒也不用太害怕,古代的消防队肯定第一时间赶到帮忙灭火。从汉代开始就有了消防队,当时的灭火工作被归在社会治安当中。防火、灭火、捉盗贼、处理打斗这些问题,统统由"执金吾"负责。《后汉书·百官志四》中记载:"执金吾,掌宫外戒司非常水火之事。"当时执金吾相当于警察局和消防局的合体,要负责整个城市的治安,而阵容也十分庞大。刘昭注释《后汉书》这一条目时说道:"执金吾缇骑二百人,持戟五百二十人。"每当巡逻的时候都会浩浩荡荡一群人从大街上走过,甚至连后来做了皇帝的刘秀也曾很羡慕这样的阵势,觉得"仕宦当作执金吾"[①]。

执金吾这个官职被唐代所继承,改了一个新的名字叫作"左右金吾卫"。唐代的都市设计是以里坊为核心,像是首都长安就是由一百零八个大大小小的里坊组成。左右金吾卫在各个里坊都设立了驻扎基地,所在的里坊一旦遇到治安问题就会马上赶到,救火当然也是由他们负责。他们配备了新式的救火工具,称作"溅筒"。简单来说,就是一个大皮袋子装满水,然后插进一根中空的竹子。救火时需要三至四人托着皮袋,其中一人挤压皮袋,水就会由竹管射出;还有一人操作竹管,控制喷射的方向。《通典》记载,"敌若纵火焚楼堞,以粗竹长一丈,锼去节,以生薄皮合缝为袋,储水三四石,将筒置于袋内,急缚如溅筒"。在当时来说,这也算是挺先进的救火工具。

在宋代,政府就设立了专职的消防队。北宋大中祥符八年(一〇一五年),京城发生过一次大火灾,《宋史·五行志》中写道:"延燔左承天祥符门、内藏库、朝元殿、乾元门、崇文院、秘阁、天书法物内香藏库。"这一次的火灾波及范围极大,促使了政府研究如何更好地应对火灾。于是宋仁宗即位后在近卫

[①] 《后汉书·皇后纪上》:"初,光武适新野,闻后美,心悦之。后至长安,见执金吾车骑甚盛,因叹曰:'仕宦当作执金吾,娶妻当得阴丽华。'"

军中挑选武丁,成立了专门负责防火灭火的队伍——"军巡铺"。《东京梦华录》中有详细的记载:

> 每坊巷三百步许,有军巡铺屋一所,铺兵五人,夜间巡警,收领公事。又于高处砖砌望火楼,楼上有人卓望。下有官屋数间,屯驻军兵百余人,及有救火家事,谓如大小桶、洒子、麻搭、斧锯、梯子、火杈、大索、铁猫儿之类。每遇有遗火去处,则有马军奔报。军厢主马步军、殿前三衙、开封府各领军汲水扑灭,不劳百姓。

这些军巡铺可谓最早的消防队。不像前代的"执金吾"以及"左右金吾卫"只是兼负救火的工作,军巡铺是专职救火的。他们在城市中有很多据点,储备了大量的救火物资,并会在高处筑建望火楼观察城中的情况。他们每天晚上都会在高处巡望城市,看看哪里有火光,一旦发现火灾就马上派人前往救火。而他们还配备了不同种类的灭火器材,像是水袋、水囊、唧筒等,这些器材在《武经总要》中有记载如何制造。水袋和唐代的溅筒类似:"以马、牛杂畜皮浑脱为袋,贮水三四石,以大竹一丈,去节缚于袋口。若火焚楼棚,则以壮士三五人持袋口,向火麾水注之。"而水囊是装满水的动物膀胱,亦即"以猪牛胞盛水",用法就是将其抛进火场,遇热后就会破裂,让水流向火源。唧筒是古代的水枪,"用长竹下开窍,以絮裹水杆,自窍唧水"。原理就是利用一根中空的竹管,当中放一根木杆,包裹着浸透水的棉花,然后就用力推挤木杆,水就会从竹管的另一端射出,这样武丁就可以在远处朝火场射水。军巡铺不但配备了先进的器材，也有十分良好的分工。瞭望员发现火灾时会马上通报最近的军巡铺，随后就会调集附近的武丁帮忙救火。过程专业、迅速，更不用劳烦百姓。

到了明代，火灾一事就更加受到政府注意了。明朝政府举全国之力建造的紫禁城，才建成没多久就被大火烧了前三殿，之后还接二连三地发生火灾。频发的火灾，更凸显出消防官兵的重要。明代史书《宛署杂记》中有记载："见行城内各坊，随居民多少，分为若干铺，每铺立铺头火夫三五人，而统之以总甲。"宛署县是当时管理北京西城的行政区，其中的政府档案就记载了当时的防火措施。当时仿照宋代的军巡铺，按照区域内居民的多少来设立相对应的"火铺"。每个火铺由一名总甲统领三至五个火夫，每到晚上就会巡逻，直至破晓。这些巡逻队伍要留意有无火警发生，一旦发现灾情就要帮忙扑灭，同时要马上通报专职的"火兵"。明代的兵书《武备志》中提及一支专职救火的队伍应当如何配备："须设兵一支，或五十名，或百名，择城当心处，或寺观民寓，专司救火。多备木桶、藤斗、铁钩、麻搭、竹梯、斧、锯，每一方火起，即由本坊保甲同火兵救之，不得乱壤。"这支数十人的队伍配备了众多器材，平时驻扎在交通便利处，一旦遇到火警就会马上出动救火。当时还列明"若本坊保甲救援不力致有蔓延……查出以军法重治"，救火不力还会被军法重治，他们定当不敢有丝毫松懈。

在古代防火、灭火的工作十分重要，因为古代的建筑有很多木结构，一发生火灾就会牵连甚广。所以历代政府都设立了负责救火的官兵，应付突如其来的灾害。这些古代消防官兵一见到火警就马上出动，保护民众的生命财产，当真是古代社会的救火英雄。

古代通信之难，寄信都收不到

> 在今天只要连上网络，即便相隔万里，信息也可以在毫秒之间送达。不过古代人就没有这么幸福了，为了寄一封信，他们可谓费尽心思。

在古代寄信实在是很困难的一件事，古代中央政府为了能够与各个地方政府联系，接收战场前线的情报，花费了不少资源去建设邮递网络。在全国各地建立驿站，征用大量的铺兵传递文件，提供马匹来寄送快件。维持这套邮政系统的耗费不小，因此一直以来邮政系统主要为政府服务，在宋代开始才有限度地让臣僚寄送私人邮件。但为普通民众服务的邮政系统，到了清代才出现，在此之前，古人要寄信真的极为困难。从史料当中钩寻古人寄信的办法，会发现只有寥寥数种方式：托人捎带，利用动物送信，或者请专人送递。

先说托人捎带，这个方法很多古人都会使用。古时若有人远游，往往会肩负起送递的职责。在汉代的古诗中可见当时的民间书信投递多是依靠出远门的同乡捎带，像是《古诗十九首之孟冬寒气至》的"客从远方来，遗我一书札"，《饮马长城窟行》的

"客从远方来，遗我双鲤鱼。呼儿烹鲤鱼，中有尺素书"。何谓"双鲤鱼"？古代寄信会将其夹在两片刻成动物状的木板中，以保护信件安全。从汉代的古诗来看，当时的人寄信往往需要托人捎带。不过这个方法并不十分可靠，因为送信的人能否将信送达是无从考证的。像是《晋书》中就记载了一个故事："殷浩，字深源，陈郡长平人也。父羡，字洪乔，为豫章太守，都下人士因其致书者百余函，行次石头，皆投之水中，曰：'沉者自沉，浮者自浮，殷洪乔不为致书邮。'"

这位殷羡觉得自己门户高贵，不屑于做传递书信的人。于是在经过河流的时候将同乡托付给他的百余封信全部丢进河里。可怜这些寄信人，永远也不知道自己的信竟有如此遭遇。

利用动物做投递也是古人会用的方法之一，有一则利用动物寄信的故事发生在魏晋南北朝。南朝梁任昉所著的《述异记》当中记载了西晋才子陆机用狗来送信：

> 陆机少时，颇好游猎，在吴有客献快犬名曰黄耳……机羁旅京师，久无家问，因戏语犬曰："我家绝无书信，汝能赍书驰取消息不？"犬喜摇尾，作声应之。机试为书，盛以竹筒，系之犬颈。犬出驿路，疾走向吴。

这只叫黄耳的小狗带着家书送去陆机家里，而且速度还很快："计人程五旬，而犬往还裁半月。"正常要走五十天的路程，黄耳来回才用了半个月。唐代开始还有利用信鸽传信的做法，《开元天宝遗事》中有记载："张九龄少年时家养群鸽，每与亲知书信往来，只以书系鸽足上，依所教之处飞往投之。九龄目为'飞奴'。时人无不爱讶。"但信鸽需要时间训练，而且也只能固定地来往两地，所以并没有想象中那么方便。

交由专人寄送似乎就可靠多了，唐代开始就有专门的送信人为居住在两京的市民服务。据宋代的《册府元龟·帝王部革弊》记载："两京之间，多有百姓僦驴，俗谓之驿驴，往来甚速，有同驿骑。"唐代开元年间在长安与洛阳之间有所谓的驿驴，为住在两京的民众提供运输服务，是为最早的民间邮递服务。这种邮递服务收费多少、怎样投寄已无从得知，但从以上的记载可见速度上不比官方的驿递差。而当时也有专门的"脚力"受聘送信，《酉阳杂俎》记载有"元和末，监城脚力张俨，递牒入京"。这种专人送信的做法，多由商家或大户人家所用。

而自宋代开始，朝中臣僚可以利用政府的邮递系统寄送私人信件。据《燕翼诒谋录》的记载："景祐三年五月，诏中外臣僚许以家书附递。明告中外，下进奏院依应施行。盖臣子远宦，孰无坟墓宗族亲戚之念。其能专人驰书，必达官贵人而后可。"苏东坡就曾多次利用政府的邮递系统给他的朋友寄信，如苏轼《答李荐书》中就有"别后递中得二书，皆未果答。专人来，又辱长笺"，所谓"递中"就是指通过朝廷递铺寄递，而这些信件都会由递铺专人送至收件者府上。不过在宋代能够享用政府邮政系统的人始终是少数，雇佣专人送信十分昂贵，而且也是稍有家财的人可选用的服务。如南宋时期的陈亮，号龙川先生，是当时的有名的哲学家和词人。他并非朝廷中人，要寄送信件只好专门雇人了。《龙川集》中有记载他寄信予人的情况："兹承不远千里,专人一书。"

至于专营民间通信的机构何时出现？民国十年（一九二一年）交通部邮政总局为纪念中国邮政服务开办二十五年，写了一篇《置邮溯源》，当中提到了最早的民信局是如何成立的：

> 民间所用之邮递方法，与官立之驿站迥不相同。民间邮递之法，有明永乐之前，似未尝有也。是时之前，所有驿递，除供王事之用外，其组织及办法，实未完备。是时集习，凡属搢绅之辈，宦游必携幕友，职备顾问，又兼案牍。伊等与各省往来函件甚多，民局之事业由是肇基焉。

在明代，高级官吏身边有"幕友"，这些幕友就是负责出谋划策，为高官撰写文件。他们需要和各省的人士保持联络，于是就促进了民间通信局的成立。但明代的民间通信机构到底如何，暂不见详细史料。

据民国二十四年（一九三五年）编印的《交通年鉴》中的记载，在乾隆年间北京出现了"广泰""老福兴"等信局，民众可在此寄信到外地。而在道光年间"五口通商"之后，随着商业的扩展，通信一事更为重要。此时民间信局如雨后春笋般纷纷涌现。北至东三省，西至新疆皆有信局设立。这些信局多由商会兼办，主要为商会之间的通信交流服务，同时也兼办新闻纸、银钱兑换等业务。普通民众也可以在此寄送信件、包裹等，过程中如有损毁，照价赔偿。而邮资则根据寄送物的重量及寄送距离而定,通常邮资由寄件人与收件人共同支付。寄件人所付的称作"酒资",而收件人所付的称作"号金",信件封面上通常会列明所付金额有多少。自此时起,民间通信就有了可靠快捷的渠道了。

南宋时期陆游晚年居住在农村,忽然有一天收到儿子寄来的家书,大为欣喜。他挥笔写下《得子虡濠上书》一诗,诗中道:"开缄读未半,喜极涕泗俱。"这种喜极而泣的心情,是通信便捷的现代人,难以想象又难以体会的。也得益于科技的进步,今天我们再也不用为通信一事烦恼了。

没穿越成贵族？
参考平民的发家致富之路

> 唐代才子佳人小说中有一个很常见的情节，那就是才子参加科举，然后高中，随后乡亲们大肆庆祝。且慢，在唐代到底要怎么报名参加科举呢？考生们又可以报考什么科目呢？

万般皆下品，唯有读书高。中国社会自古以来都十分重视读书，特别是在隋代创设科举制度之后，读书一事就更为重要了。所谓学而优则仕，只要能够在科举中突围而出，就可以踏入官场。不说大富大贵，至少往后都生活无忧了。

唐代的科举是全国性人才选拔考试，当中有很多考试项目让大家选择。《通典》一书中记载："其常贡之科，有秀才，有明经，有进士，有明法，有书，有算。自京师郡县皆有学焉。"明法、明书、明算是为选拔通晓法令、文字书法、数学计算方面的专门人才而设立的，只要达到标准就会录用为官。而偏向"文科"的考试有秀才、明经、进士三种，初唐科举制度中以秀才的等级最高。《通典》记载"初，秀才科等最高，试方略策五条",主要是考验学生对于国家大事的看法与对策。由于此门考试缺少教科书参考,其难度极高,乃至"应者多落之,三十年来无及第者",于是在永徽二年(六五一年)废止。而明经则是考验学生对于经典著作的理解,考试的时候需要对答经义,并回答三条与时务有关的问题。由于考试范围主要是围绕着指定的经书,只要肯下一番苦功就能考上。韩愈就曾经说过考明经只需要用功苦读就行。①

考进士可谓唐代最受重视的一门考试,但同时也是录取比例最低的一门考试。进士考试每百人只录取一两人,《通典》有谓"其进士,大抵千人得第者百一二"。之所以考取进士这么困难,是因为那份试卷实在不容易,先要考经义,再考文赋,最后再来五条策论。《通典》有记载:"进士所试一大经及《尔雅》。帖既通而后试文试赋各一篇,文通而后试策,凡五条。三试皆通者为第。"能考上进士,不下十数年的功夫简直不可能。不过付出越多,收获自然也越大,成为进士基本可以保证仕途无忧。特别是中晚唐政府中的中、高级官吏,往往是进士出身。据吴宗国教授《唐代科举制度研究》一书的统计,自宪宗至懿宗七朝,共有宰相一百二十三人,其中进士出身者一百零四人;自宪宗起六部尚书中进士出身的超过半数②,进士出身基本就意味着大好前途。唐代李肇的《唐国史补》中也说道:"进士为时所尚久矣。是故俊

---

① 韩愈《送牛堪序》:"以明经举者,诵数十万言,又约通大义,征辞引类,旁出入他经者,又诵数十万言,其为业也勤矣。"
② 吴宗国《唐代科举制度研究》,第八章《科举在选举中地位的变化》。

义实集其中,由此出者,终身为闻人。"当时的人都极为崇尚进士,只要你是进士出身,这辈子都是社会名流了;又谓"故位极人臣,常十有二三,登显列十有六七"。

但到底这场改变人生的考试要怎么参加呢?首先,每年春季礼部都会通告天下今年在京城举办的"省试"详情,这份全国通告称为"举格"。当中最主要的包括各地举送学生的数目,有关举送考生的规定等。如《唐摭言》一书中节录了《会昌五年举格》,其中提及"福建、黔府、桂府、岭南、安南、邕容等道,所送进士不得过七人,明经不得过十人",也就代表这些地区经由乡贡参与进士考核的学生不得超过七人;参与明经考核的不得多于十人。乡贡是指不在官学的地区考生。当时参加省试的考生主要分为生徒、乡贡两类。前者是指在官学中学习的学生,他们只要通过最高学府国子监的评核,就可以通过国子监举送这一途径参加省试。而没有在官学中学习的人,就要自己到所在州县报名,通过州县的考核亦能获得举送。

考生获得了资格之后,就要马不停蹄地前往京城,呈交三份文件予礼部审核,包括文解、家状、解保文书。乡举需要呈交文解,证明自己已经通过了州县的考试,获得举荐。家状就是记录各位考生的个人资料、容貌特征、在京的居住地址。解保文书就是指每一位参与考试的考生,都要获得另外四人的担保,证明自己的学历、品德都符合应试的要求。《唐会要·卷七十六》载:"如容情故,自相隐蔽。有人纠举,其同举人并三年不得赴举。"一人被检举,其他担保人三年之内不得赴考。故此各位担保人之间都会互相督促，免得连累自己。

待每年十一月，礼部就会发布今年驳回的考生名单[①]，也就表示这些考生的文件无法通过审核，这些人就要待下一年重新来过了。而如果文件无误，考生就可以安心准备考试了。考试日期通常会在每年十二月至翌年春季，由于每年的明经、进士考生数目有所不同，故每年考试日期都不尽相同。等到考试那一天，考生就会早早地聚集，由于在一天之内会连考三场，所以考试会由凌晨一直考到晚上。而考试场地在尚书都省的廊庑，考生需要携带一天所需要的物资进去考试。唐舒元舆的《上论贡士书》有记载：

> 试之日，见八百人尽手携脂烛水炭，洎朝晡餐器，或荷于肩，或提于席，为吏胥纵慢声大呼其名氏，试者突入，棘围重重，乃分坐庑下，寒余雪飞，单席在地。

初唐的科举考试进场前会有搜身以防作弊，《通典》有记载："阅试之日，皆严设兵卫，荐棘围之，搜索衣服。"不过进士考试讲究考生的文采与见解，不求背诵，渐渐地在考场中会放有五经、诸史、字典让考生翻阅[②]，搜身一事也就免了。

进士的考试内容以上已有提及，不过古人考试有一个十分紧

[①] 《南部新书》："礼部驳榜者，十一月出，麓驳者，谓有状无解；无状细驳，谓书其行止之过。"
[②] 《旧唐书·李揆传》："其试进士文章，请于庭中设五经、诸史及《切韵》本于床，而引贡士谓之曰：'大国选士，但务得者，经籍在此，请恣寻检。'"

张刺激的环节,就是打开试卷的一刻。古人一翻开试卷就要仔细"审题",因为古人有避讳一说,有些字眼不能说,也不能写,否则就是不敬。除了当朝帝王名字外,还有一项就是避家讳,也就是不能直说或者写下自己家中长辈之名。要是试卷题目中出现了家讳的字,这位考生就要托词生病马上退场。《南部新书》中写道:"凡进士入试,遇题目有家讳,谓之文字不便。即托疾,下将息状来出。"虽然十分可惜,但这位考生也只能等下年再来过了。

经过了紧张的考试,就等发榜了。发榜的位置就在礼部南院,《唐摭言》:"南院发榜,张榜墙乃南院东墙也。"发榜那天的凌晨,负责贴榜的官员就会在东墙贴上榜单。然后在破晓之际敲响大鼓,宣示已经发榜,韦庄《放榜日作》云"一声天鼓辟金扉,三十仙材上翠微"。大部分考生都会聚集在南院东墙,看看自己有没有及第,唐徐夤《放榜日》说道:"喧喧车马欲朝天,人探东堂榜已悬。"唐代的科举不似宋代要经过殿试分出个状元、榜眼、探花,只要榜上有名就代表考上了。这些考上的考生会列队走出南院,并有专人为他们开道,一路上会叫道"回避新郎君"。有些考生未必亲赴南院观看发榜,此时礼部就会派出信使,按照考生在家状上所填写的旅店地址通传喜讯。当晚这些及第考生就会参加由宰相宴请的晚会,正式踏入官场。

十年寒窗苦读,为的就是在能在芸芸学子中突围而出,求得一官半职。而大家印象中的科举,好像就是小说中所描述的书生上京赴考，随后没多久就有人来通报"少爷高中了"。其实科举从宣布开考到发榜，中间有差不多一年的时间，其中的准备、报名以及等待发榜，这些艰辛的过程却是在小说中少有提及的。不过考科举虽然辛苦，但一旦高中，后半辈子都可以财禄无缺，享受权贵。就像《范进中举》中，范进考上了举人，身边的人马上改以"老爷"称呼他。就连一贯瞧不起范进的岳父胡屠户也变得恭恭敬敬，毕竟全家人之后能过上好日子，也是依靠范举人。而在历史上，有不少人是依靠科举来改变命运的。例如北宋的范仲淹，幼时家贫，依靠科举成功进入官场，后来位极人臣。相对公平的科举制度，令贫寒学子也有出头的一天，能够依靠自己的实力改变命运。难怪科举一事，千余年来都是读书人的努力目标！

图书在版编目（CIP）数据

知史：原来当古人是这么回事 / 知史著. -- 北京：
北京联合出版公司, 2019.7（2021.2重印）
　ISBN 978-7-5596-3173-2

Ⅰ.①知⋯ Ⅱ.①知⋯ Ⅲ.①社会生活－中国－古代
Ⅳ.①K207
中国版本图书馆CIP数据核字(2019)第070770号

《知史的古代小剧场：了解古代杂学与历史八卦，原来当古人是这么回事》
知史 著
中文简体字版 © 2019年由银杏树下（北京）图书有限责任公司出版
本书经城邦文化事业股份有限公司【麦浩斯出版】授权出版中文简体字版本。非经书面同意，不得以任何形式任意重制、转载。

知史：原来当古人是这么回事

著　　者：知　史	出品人：赵红仕
选题策划：后浪出版公司	出版统筹：吴兴元
编辑统筹：梅天明	责任编辑：牛炜征
特约编辑：魏姗姗	营销推广：ONEBOOK
装帧制造：墨白空间·黄　海	

北京联合出版公司出版
（北京市西城区德外大街83号楼9层　100088）
北京天宇万达印刷有限公司印刷　新华书店经销
字数145千字　889毫米×1194毫米　1/32　7.25印张
2019年7月第1版　2021年2月第3次印刷
ISBN 978-7-5596-3173-2
定价：39.80元

后浪出版咨询(北京)有限责任公司常年法律顾问：北京大成律师事务所　周天晖 copyright@hinabook.com
未经许可，不得以任何方式复制或抄袭本书部分或全部内容
版权所有，侵权必究
本书若有印装质量问题，请与本公司图书销售中心联系调换。电话：010-64010019